星云大师演讲集 01

佛光与教团

星云大师 著

生活·讀書·新知三联书店

Copyright © 2015 by SDX Joint Publishing Company
All Rights Reserved.
本作品版权由生活·读书·新知三联书店所有。
未经许可,不得翻印。
本书由上海大觉文化传播有限公司独家授权出版中文简体字版。

图书在版编目(CIP)数据

佛光与教团/星云大师著.—北京:生活·读书·新知三联书店,2015.4
(星云大师演讲集)
ISBN 978-7-108-05250-6

Ⅰ.①佛…　Ⅱ.①星…　Ⅲ.①佛教－通俗读物　Ⅳ.①B94-49

中国版本图书馆 CIP 数据核字(2015)第 017172 号

责任编辑	麻俊生
封面设计	储　平
责任印制	卢　岳　张雅丽
出版发行	生活·讀書·新知 三联书店
	(北京市东城区美术馆东街 22 号)
邮　　编	100010
印　　刷	北京市松源印刷有限公司
版　　次	2015 年 4 月北京第 1 版
	2015 年 4 月北京第 1 次印刷
开　　本	880 毫米×1230 毫米　1/32　印张　7.375
字　　数	157 千字
印　　数	0,001—8,000 册
定　　价	28.00 元

总序　人间佛教正法久住

我们生活在人间，人间有男女老少，人间有五欲六尘，人间有生老病死，人间有悲欢离合。在缺憾的世间，我们如何获得欢喜自在？如何发挥生命的价值？如何拥有安乐的生活？这是我们所要探讨的课题。

佛陀降诞人间，示教利喜，为人间开启了光明与希望；佛陀依五乘佛法，建立了"五戒十善""中道缘起""因缘果报""四无量心""六度四摄"等人间佛教的基本思想。

为了适应时代的发展，我们创办文化、教育、慈善等事业，提出"传统与现代融和""僧众与信众共有""修持与慧解并重""佛教与艺文合一"等弘法方向。多年来，以"佛法为体、世学为用"作为宗旨，人间佛教渐渐蔚然有成，欣见大家高举人间佛教的旗帜，纷纷走出山林，投入社会公益活动，实践佛教慈悲利他的本怀。

2004年,我曾在香港和台北作例行的年度"佛学讲座",三天的讲题分别为"佛教的生命学""佛教的生死学""佛教的生活学"。我言:生命为"体",作为本体的生命,是不增不减、永恒存在、绝对、无限、正常的;生死为"相",每个生命所显露的现象,是有生有灭、变化无常、相对、有限、非常的;生活是"用",生命从生到死,其中的食衣住行、言行举止、身心活动等等,无一不是生命的作用。因此,体、相、用,三者密不可分。我们既来到世间生活,就有生命,有生命就有生死,三者是一体的,其关系极为密切。因此,整个人间佛教可以说就是"生命学""生死学""生活学"。

之后,我在世界各地演讲《人间佛教的戒、定、慧三学》。所谓戒定慧,有谓由戒生定,由定发慧,由慧趣入解脱,是学佛的次第;在人间生活,更需要断除烦恼才能获得究竟的妙智,才能自在悠游于人间!

1949年,我从中国大陆来到台湾之后,为了适应广大民众的需求,毅然采取面对面的讲说弘法。从宜兰乡村的弘法,到城市各处的聚会;从监狱的开示,到工厂的布教。1975年,在台北艺术馆举行佛学讲座,首开在"国家会堂"演讲佛学之风。接下来,我弘法的脚步,由北至南,由西至东,从学校到部队,从岛内到岛外。近二十年来,随着弘法的国际化,我更是终年在世界各地云水行脚,奔波结缘。

演讲的对象,有一般男女老少的信众,也有大专青年、企业界精英、教师、警察等特定对象。讲说的内容更是包罗万象,经典方面有《六祖坛经》《金刚经》《维摩诘经》《法华经》等,也讲说佛教的义理、特质与现代生活的种种关系,以及佛教对社会、政治、伦理、经济、心理、民俗、命运、神通、知见、因缘、轮回、死亡、涅槃等各种问题的看法。

三十年前，佛光山的弟子们将我历年来演讲的内容，陆续结集成书，并定名为《星云大师演讲集》丛书，二十多年来不知再版了多少次！许多读者将此套书视为认识佛教、研究佛学必读之书，也有不少出家、在家弟子，以此演讲集作为讲经说法的教材。

这套演讲集已缺书好一段时间，不时有人频频询问、催促再版。我重新翻阅，觉得此套演讲集讲说时隔近三十年，抚今追昔，虽然佛法真理不变，人心善美依然；环境变迁有之，人事递嬗有之。因此，决定将此书全新改版，去除与现今社会略微差异之处，重新校正、修订、增删，并依内容性质，分类为《佛光与教团》《佛教与生活》《佛法与义理》《人生与社会》《禅学与净土》《宗教与体验》《人间与实践》《佛教与青年》等册，总字数百余万字。为保存、珍重历史，同时又为方便后人参考、查询，我将演讲的时间、地点记于每篇文章之后。

我出家已超过一甲子，毕生竭力于人间佛教的弘扬与实践，主要是希望全世界各族群能相互尊重，人我能相互包容，社会彼此和谐进步。这套演讲集是为我初期弘法历程，以及一以贯之的人间佛教思想理念的鲜明见证。

出版在即，为文略说弘法因缘，并以心香一瓣祝祷人间佛教正法久住，所有众生皆能身心自在，共生吉祥。

星云　于佛光山法堂

目 录

001	怎样做一个佛光人
085	佛光会员的宗旨
089	佛光会员四句偈的意义
094	发扬佛光会员四句偈
097	佛光会员的信条
104	佛光会的性格
108	佛光会的性质
113	佛光会员的使命
117	佛光会的目标
121	佛光会员的展望
127	佛光会员的胸怀
132	佛光会员应有的精神
137	佛光会员的任务
142	佛光会的方向
147	佛光会员应有四种性格
152	怎样做一个佛光会员

159	怎样发展佛光会
162	佛光会员需要做到什么
166	如何增加会员
170	接引会员参加的办法
174	佛光会员的四好
178	参加佛光会的利益
183	举办活动的意义
187	佛光会员的进展
191	佛光会员应该注意什么
199	佛光会员应如何做功德
204	佛光会员应如何广结善缘
208	佛光会员要有六心
214	佛光会员应如何教育子女
220	檀讲师应具备的条件

怎样做一个佛光人

佛光山的大众,都应该先知道这个问题。
举凡佛光山的宗旨、目标、道风、守则等等,
在山上住过的老师、学生、徒众,都应有深切的认识。

佛光人第一讲

台湾大学的师生,都自称"台大人",在中国文化大学的华冈师生,称作"华冈人"。所以过去、现在,凡与佛光山有缘的人,都应称为"佛光人"。

"怎样做一个佛光人?"佛光山的大众,都应该先知道这个问题。举凡佛光山的宗旨、目标、道风、守则等等,在山上住过的老师、学生、徒众,都应有深切的认识。

现在我把"怎样做一个佛光人"分为四点,贡献给与佛光山有缘的大众。

一、佛光人是常住第一,自己第二

在家,父母生我形体,养我色身;因此父母第一,自己第二。出

家,常住生我慧命,养我法身,同样的是常住第一,自己第二。常住是我们的根,没有根的草,生命不能长久;没有根的树,既不能开花也不能结果。没有常住的人,就好似一个没有灵魂的人。

常住是我们的家,家里有温暖,家里有教言。没有家的孤儿,日子不好过;没有常住的徒众,既没有师承,也没有法统,哪里像是佛弟子呢?

古德们有的为常住服务终生,甚至艰苦或兵难都不和师长分离;有的人为常住奉献所有,与常住生死相依。现在有一些人擅离常住,忘失初心,不知恩义,不重根源,人道既亏,何能进入佛道?佛光人应把常住的利益建立在自己的利益之上。一个国家如果没有忠臣义士,甘愿为国牺牲,这个国家哪有国魂?一个团体如果没有尽心尽力的干部,这个团体怎有生命?所以做一个佛光人,凡常住需要,无不全心全力来承担,因为在我们的思想精神里,本来就是常住第一,自己第二。

二、佛光人是大众第一,自己第二

有常住就有大众,常住是我们的家园,大众是我们的法侣。没有大众,不能办事;没有大众,不成僧团。爱护大众的人,才是尊重自己的人。《维摩经》里说:"佛道到哪里去求?佛道在众生中求!"凡是具有圣贤气质的人,都是把大众的存在建立在自己之上;凡是自私的俗人,才忽视大众,注重自己。我们到佛光山来成为佛光人的一分子,要知道佛光山不是靠一人所能担当的,承担佛光山弘法利生的是常住三宝和十方大众!可以说:没有大众,就没有佛光山;没有大众,就没有个人。佛光人应尊重大众,不可忽视大众;应容纳大众，不可排除大众。

僧团，本来就是和合众的意思，也就是清净和乐的大众。个人，只是大众里的一颗螺丝钉，只是混凝土里的一粒砂石。我们应该用自己的这颗螺丝钉，把整个机械锁紧；用自己的这粒砂石，把混凝土牢固。要尊重大众，帮助大众，不可自己先做大众里的逃兵。

三、佛光人是事业第一，自己第二

佛光人很多，在佛光山的聚集，不是痴聚！我们有兴隆佛教的理想，我们有普济社会的愿心。我们知道未来佛教的慧命，完全寄托在佛法的事业上。教育、文化、慈善等佛化事业，都是传教的方便。

我国自明清以来，教务衰微，僧伽素质低下，主要原因就是佛教没有事业。社会信众除了丧葬仪式偶需佛教外，竟不知佛教对他们还有其他关系。

近四十年来，我们为佛教造就人才，而这些人才办了养老院、育幼院、托儿所、幼儿园、中学、大学、杂志、报纸、电台、电视、讲堂、医院、出版社、图书馆等，可以说我们的事业带动了佛教的发展。

菩萨道的弟子，本来就该以"弘法为家务，利生为事业"。我国号称大乘佛教地区，但目前能有几人具备菩萨道的慈心悲愿？所以应披心沥血，誓愿身为佛光人，要以弘法利生的事业为职志！"但愿众生得离苦，不为自己求安乐。"只求佛教的发展，不管自我如何牺牲，也是心甘情愿。我们决心以弘法利生的事业，供养三宝，奉献给一切众生。

四、佛光人是佛教第一,自己第二

语云:"爱情诚可贵,生命价更高,为了自由故,两者皆可抛。"佛光人应改为"生命诚可贵,自由价更高,为了佛教故,两者皆可抛。"如果不把对佛教的信仰,建立在自己之上,是无法获得宗教所给予的价值。

自古以来,历代都有英雄豪杰们杀身成仁、舍生取义的事迹,他们成仁取义的风向标,应该就是我们佛光人信仰上的蓝本。

唐朝玄奘大师为了佛教译经事业,亲往印度求法,面对一片荒漠,他立誓"宁向西天一步死,不往东土一步生"的精神,便是以佛教为第一生命,自己为第二生命的精神;扬州鉴真大师为了前往日本弘法,历经7次危险,共费12年时光,才将佛法带到日本。那种"为大事也,何惜身命"的精神,也就是佛教第一,自己第二的认识。古德们凭借这种精神和认识,佛教在世间,才能放射出灿烂的光辉。

我们非为衣食而信仰佛教,非为名利而信仰佛教,非为安逸而信仰佛教,非为逃避而信仰佛教;佛光人是为了佛教而信仰,为了佛教而服务,为了佛教而奉献,为了佛教而牺牲。所以,我们佛光人的守则是佛教第一,自己第二。

佛光人第二讲

佛光人所以称作佛光人,当然在思想、精神、风格等各方面,佛光人与一般大众是不一样的。

怎样做一个佛光人？第二讲中，我也提出四点意见和佛光人共同勉励。

一、佛光人要先入世后出世

佛法分世间法、出世间法；一般把世间法称作俗谛，把出世间法称作真谛。有些人以为佛教只尊重出世间法，鄙视世间法。但是"佛法在世间，不离世间觉，离世求菩提，犹如觅兔角。"世间人道未成，怎能完成出世的佛道？故太虚大师说："仰止唯佛陀，完成在人格，人成即佛成，是名真现实。"

不容否认的，今日佛教衰微的原因，就是过分地忽略了世间人生的问题，急于求证出世的解脱，致使世人病我佛教为消极、厌世。不知大乘佛教的精神，虽然要有出世的思想，但也要先做入世的事业。

没有入世的事业，和人间实际的生活脱了节，假如天天高呼出世的口号，不爱国家，不孝父母，不亲族友，这样就能容存于天地社会之间吗？

基督教虽有天国的思想，但他们对人间的事业非常热心，创办学校、医院，赚了大家的钱，大家还说他们好。佛教提到世间，就认为娑婆似苦海，三界如火宅，把人间形容得像牢狱一般可怕，但谁又不在三界娑婆的人间讨生活呢？

由于这种思想的偏差，可怜的佛教自隋唐以后，出现了数百年日渐衰微的现象。近三十年来，因为社会的进步，时代的需要，佛教入世的事业越来越多，佛教的发展也越来越蓬勃。所以，我们佛光人要肯定复兴佛教的不二法门，必然是先有入世的事业，然后再求出世的依归。

二、佛光人要先度生后度死

社会对佛教最大的误解，就是以为佛教是度死的宗教。平时不知佛教何用，到了往生的时候，才知道要诵经超度，致使人天师范的僧宝，沦于以经忏为职业，误尽了天下苍生，损失了无限的人才。

我们佛光人并不反对功德佛事，但我们认为度生比度死更重要，我们必须先度生后度死。不用说，在佛教里度生的活动难做，度死的功德好为，因此谚云："会得香云盖，到处吃素菜。"假如要弘法利生，就不是那么简单。一个人间佛教的推动者，不但要博通经论，而且必须具备一般社会知识，甚至天文地理、政经常识、讲说写作、各种技能，还有宗教体验、庄严行仪等，如果这些不能具备，就成为度生事业的缺失。

度死的功德，当然也可作为度生的因缘。例如，一场庄严如法的功德佛事，不但亡者受益，生者也会因此有了得度的因缘。不过，佛光人还是应该先充实六度四摄的修养，并且培养多种技艺的能力，以作为度众的方便。比如，佛光比丘要以做医师、教师、教诲师、布教师、工程师、领导师为职志；佛光比丘尼要以从事护士、教师、文教撰写编辑、音乐师、美术师、家政师、语文师等为目标；佛光优婆塞、优婆夷，要护持真正的佛法——所谓真正的佛法，就是先度生后度死的人间佛教。

我们佛光人要把佛化教育从幼儿园、小学、中学、推动到大学；从个人家庭推动到整个社会；从寺庙出家众推动到大众生活里。我们佛光人要把佛教文化普及于一切家庭，一切社会；我们佛光人要到处设立佛教慈济事业，我们要把佛光幸福、欢喜，布满人间。

我们佛光人先度生后度死,至少也要做到生死一起度,千万不可只度死而不度生,因为我们佛光人感到生者比死者更需要佛教!

三、佛光人要先生活后生死

经常听到有人问:你为什么学佛?回答总是了生脱死;你为什么出家?回答也是了生脱死。"了生脱死",当然是我们学佛出家的最高目标,但是如果把这件神圣大事,当成一句应付的口号,岂不是太不重法尊教。不少人学佛太过躐等,好高骛远,致使许多言行都像空中楼阁,不切实际,把话说得很大,却一点也没有实践。

佛光人所以要这么想,并不是不重视了生脱死。只是,生活问题尚未解决,如何能解脱呢? 比方你没有饭吃,没有衣穿,如何能借假修真? 如何能安心办理生死大事?

我们常遇到一些初学的佛教人士,一开口都说:"我喜欢过清净的生活",一闭口也说:"我喜欢入山修行"。这都是非常冠冕堂皇的话,仔细研究起来,就会发现问题。因为你喜欢过清净的生活,我就应该忙碌给你饭吃? 你喜欢入山修行,我就应该苦命工作,帮助你的生活所需? 你不觉得你的学佛太过于自私吗? 你去修行了生脱死,我们为你谋取生活所需,永远沉沦生死苦海,我们怎么办呢?

古来的大德宗师们,他们学佛修行,都立志先发心为人服务。有的发愿生生世世做一条老牯牛,为众生拉车负重;有的人发愿陆沉头陀苦行,一工作就是数十寒暑。因为他们知道,生活的资粮不具备,生死又何能了脱?

《阿弥陀经》说:若人欲生极乐国土,不可少善根福德因缘。这意思就是要我们办好生活上的福德资粮。佛陀住世时，每在说法中强调穿衣吃饭，经行劳动；我国百丈禅师更提出"一日不作，一日不食"的生活呼吁。所以佛光人应上体佛陀和祖师们的慈悲，在此高度工业化的时代，人人都能先照顾自己的生活，进而断除忧悲苦恼，超越三界，永离生死轮回。

四、佛光人要先缩小后扩大

在社会人群中，流行着这么一句话："满壶全不响，半壶响叮当"，意谓真正有学问、有能力的人，并不急于求表现；一些不成熟的人，却反而喜欢耀武扬威，争取表现。

佛教中的学道者，有不少人不知养深积厚，不明大器晚成，总汲汲于攀缘，希望一蹴而就能功成名就。

目前佛教里的情况，自己未受僧众教育，却喜欢作僧伽师资；自己尚未受具足大戒，已经招收徒众；出家后不安于学，喜欢云游浪荡；佛门规矩不懂，已在专职贩卖如来。在这种情况之下，怎能出现法门龙象？佛寺丛林又怎能成就圣贤？

所以，我们佛光人，不可流于时习。我们学道，要甘于十载寒窗的煎熬，要接受安贫乐道的生活；宁可无钱无位，不能无道无格。我们要先缩小自己，不要急于求售，等到因缘成熟，再自然扩大。

最后，我希望我们佛光人要像千年老松，能经得起岁月寒暑的迁流；我希望我们佛光人要像严冬腊梅，能受得了冰天雪地的考验；我希望我们佛光人要像空谷幽兰，能耐得了清冷的寂寞；我希望我们佛光人要像秋天的黄菊，能熬得过寒霜雨露的摧残。因为唯有能忍耐的人才能成功立业，唯有能缩小的人才能扩大自己！

佛光人第三讲

我之所以一次又一次地讲佛光人应该如何如何,主要因为佛光山开山数十年以来,佛光人一天多过一天;我们佛光人不能不树立风格,不能不确立原则。其实这些佛光人所应树立的风格和确立的原则,也不一定只限于佛光人必须这么做,凡所有佛教徒,不分宗派,不论老少,大家都应该遵守这些规定,自能影响到佛教的兴隆。

怎样做一个佛光人的第三讲,我分为四点来说明。

一、佛光人不私收徒众

印光大师论及佛教衰微的原因有所谓"三滥",即滥收徒众、滥传戒法、滥挂海单。其中尤其是滥收徒众,导致僧格堕落、教团散漫,最为严重。我们如有志于重整佛教僧伦,应从不滥收徒众做起。

目前,出家太过容易,因此有一些人的福德因缘和善根既不具备,预习僧团的生活行仪和信心也不够,便急急忙忙地出家,也急急忙忙地还俗;进出佛门太过容易,这是佛教的缺失,也是这一代青年的悲哀。

出家,不能不找一个师父依止剃度。在佛教里,师父度人心切,告诫弟子的条件并不苛刻,甚至还有些讨好徒弟的诺言。因此,师教徒不严,徒敬师不够;师不像师,徒不像徒,就是这样形成的。

尤有甚者,有些师父收徒,并不是为佛教培养人才,而是为自己收人众有所斩获；徒弟拜师也不是为了献身佛教，而是寻找一个关心爱护自己的亲人。佛经云："因地不正，果遭迂曲"，师徒间用心如此，真是差之毫厘，谬以千里了。

就算在家信徒宣誓入佛，那也是皈依三宝，不是如一般所说"拜师父"。佛教所以缺少推展的力量，就是因为信徒全都给师父占去了，真正的佛教已没有佛教徒了。

不少在家信徒，也只知有师父，不知有佛教；只知供养师父，不知护持佛教。"教"与"徒"分了家，佛教又怎会有弘法利生的力量？

我们佛光人不可以私收徒众，要把徒众还给常住，甚至还给佛教。出家弟子只论辈分，不依某一人。例如第二代的都是师父，则第三代的就都是徒弟；如果是在家众的弟子，所有出家人都是师父，所有在家众都是弟子。

佛光人的僧宝，人人都可以收徒弟，但男女众只有大师兄为法定的代理师父，自己只是很多师父之一。佛光人应明白将此告诉下一代，否则，不算佛光人！

我之所以有此主张，实因见到佛教中人人收徒、收孙，有时师父们各自卫护自己的徒弟，造成同参道友彼此之间势如水火；就算师父们无争，弟子们也会各自以师为背景，划清界线："这是我师父的！""那是你师父的！"，自然而然就会闹得人我是非、乌烟瘴气了。

希望佛光人都能体念佛法根本精神："我只是众中之一。"让清净和合的僧团，真正做到一切是公的，不是私的；徒弟是佛教的，不是自己的。

二、佛光人不私蓄金钱

金钱是烦恼祸患的根源,但也是修道的资粮和佛化事业的净财。发心出家为僧的佛光人,应该对金钱有正确的认识及合理的态度。

我们不可贪财,但也不必自命清高说:"我们不要钱。"烦恼祸患的金钱固应远离,但净财资粮对于修道、弘法事业的推动,也是非常重要。个人可以没有钱,佛教不能不富有。

目前佛教界对金钱有一些不正确的看法和做法,例如:

1. 以为有钱就没有道德,有道德的人不该有钱。

2. 佛教人士不会用钱,但会积聚。

3. 个人比寺庙富有,寺庙比教会富有。

4. 委托信徒放高利贷,和信徒合作投资世俗事业(如养鱼、开百货公司),供俗家亲人使用,或留给子孙。

5. 用在少数人的身上,不知道用在佛法事业上。

6. 只知道收,不知道舍。

世俗人对金钱不能看开,贪得无厌,还情有可原。但佛教人士对金钱放不下,甚至不会使用,实在是太不应该了。

佛光人不是不该拥有金钱,但佛光人不该私蓄金钱。佛光人对金钱处理的方法应该做到下列数点:

1. 出家、在家,彼此不可有金钱的借贷。

2. 为常住大众积聚净财,不为自己储蓄。

3. 不私自化缘,不贪取檀越的供养。所谓"信施",只是透过我们,用来做弘法利生的事业。

4. 有钱,十方来十方去,把钱用在佛教和大众身上的人,才是会用钱的人。

5. 假如为理想、事业和计划中的需要而储蓄,应存在本山福田库中,否则即不合法。

6. 本山大众,不管任何人,如查询某人在福田库中存款多少,或议论其长短,乃是干涉他人之行为,应提出纠举。

吾等佛光人,所有净财资粮,如果能遵照以上原则奉行,庶几对金钱就无过了。

三、佛光人不私建道场

佛光人的聚合,乃是有志奉献佛教的僧团。我们认为佛教比寺院重要,常住比个人重要。因为个人只是常住的一分子,常住只是佛教的一个单位。佛教的利益才是寺院常住的利益,寺院常住的利益才是个人的真正利益。

佛光人应有团队的精神,应有整体的观念,要以佛教的利益为利益,要以常住的利益为利益。往大处去设想,往远处去计划,自己不要营求私利,自己不可私有道场。道场,乃修行办道的场所,供十方大众修学之处,不是个人的安乐窝。今日佛教界,到处都有私自营建的道场,分散了佛教的力量,像一盘散沙,各自为政,不易发挥集体的力量。另外,有些佛教僧众的观念,是"宁可吃一家饭,不愿吃万家饭",意谓只要侍候好一两位有财力的信者,免得麻烦为信徒大众服务,致使佛教弊病丛生,佛教衰微的现象,莫此为甚!

佛光人不可私建道场,古德所说:"宁在大庙睡觉,不在小庙办道。"佛光人要从大众里培养奉献的精神,要从团体里磨炼入道的信念。学佛首重发心,不发心弘法,如何能使佛法普及?不发心利生,如何能拥有众生?须知佛教的慧命乃寄在传教的事业上。我等朝暮所求的佛道,是在一切众生间,佛光人如要保持一份佛子纯真的德性,千万不可牟取私利,自图安乐。宁可庸庸碌碌在僧团中修行,也不要瞎打主意,以为自己有某些信徒护持,有力量拥有道场,这里成立一间精舍,那里开设一间佛堂。既不能挂单接众,又不能专心办道,忙碌地应付于生活之间,与当初出家时的大心宏愿相距甚远,反而更不能贡献于佛教,也可说是自己最大的损失。

佛光人虽不要私建的道场,但可以有公众的道场,把自己的心量放大,公众的道场就是自己的道场。在公众的道场里,可以获得大众的助缘,可以增加学道的见闻,还有同参们的激励,职务上的观摩。佛光人若是拥有私自的道场,不只会失去大众,甚至还会失去自己。

四、佛光人不私交信者

佛教里有些僧众把信徒看作是自己私人的,因此常听到:"某某信徒是某某法师的徒弟。"私人的徒弟多了,"佛教"反而没有"徒"了。

信者皈依的时候,本来就是皈依三宝,不是皈依某某人,即使皈依某某师父,仍然应该称作佛教徒。

佛教徒,是佛教的,是僧团的,是大众的,我们在感情上不可把他们看作是属于自己所有的。佛光人和信徒来往,要以常住代表的身份,接引信徒,照顾信徒,这纯是道情法爱,不可建立私人的来往关系;因为一有私人来往,就不会以常住为重,最后自己和信徒必然都为常住及大众所弃。

我见到一些和信徒有私交的青年僧众，接受信徒的馈赠，等于是公务员接受了民众的贿赂。吃了五谷不能不消灾，因此就会徇私，不是拿佛法做人情，就是拿常住做牺牲，甚至和信徒结成世俗的兄弟姐妹，反认信徒为义父义母，使僧格堕落，法统废弛，良深浩叹！

我又见到一些佛教中的大德，和信徒合伙经营事业，最后失败时痛不欲生。或委托信徒转放贷款，导致倒闭时不敢吭声；就算不致失败倒闭，当无常一到，是他自己的，但也是佛教的净财，究竟存放在哪里，却没有人知道，这不是很大的损失吗？

佛光人不可在世俗人家轻易走动，不可轻易交托信徒购买物品，不可把钱财存放在信徒家中，不可随便接受信徒的馈赠。我们佛光人与信徒来往纯是佛法的、公众的，僧俗之间需要净化，不可俗化。

佛光人第四讲

我自童年进入僧团，至今已有数十年的岁月，在佛教里所修所学，所见所闻，自有些心得，尤以目前佛教的现状，僧众的臧否，有一些耿耿于怀，甚至忧心忡忡。如部分僧众过着醉生梦死的生活，想的都是自私愚痴的观念，这样怎能绍继如来，弘范三界呢？因此，我们佛光人要学习自我要求，改革思想，增强信念，把不当的习气扬弃，把不正的言行摒除，所以在第四讲里，提出了以下四点意见。

一、佛光人不私自募缘

化缘,在佛教里是一件很美而又很有意义的好事,宇宙的一切人和一切事,要靠缘才能存在;佛教界的事业,要靠缘才能办理。可惜多少善缘善事,都给不当地运用,成了恶缘恶事;如强捐强募,私有私占,致使美好的法缘,成了今日佛教最为人诟病之处。

例如出家尚未受戒,或受戒尚未参学,就先学会化缘;那些挨门挨户的索讨,只赢得一句"老板不在家"的回答,佛教丢失体面,莫此为甚!

近来,由于各大德的弘传圣教,佛教徒也逐渐增加,化缘并非十分困难之事;所以一些无志无愿的僧徒,不用自己的智慧道德、苦劳牺牲来奉献佛教,却先想到化缘。滥用了化缘,自己纵有收获,但佛教的公益,佛教的尊严,损失更多!

本来,佛教有句谚语:"不破参,不闭关;不开悟,不住山。"但一些初出家者,假借闭关住山之名,先向信徒化缘,先找信徒护法。甚至买电视机向人化缘,出外旅行向人化缘,要衣服穿向人化缘,要买书籍向人化缘。化缘、化缘,招致了信徒的穷于应付,最后他们只得宣布与佛教无缘。

我们佛光人,应有忧道不忧贫的精神,除佛法公众的事业以外,绝不私自向信徒化缘,宁可无衣无食,无钱无缘,也不私自化缘。

二、佛光人不私自请托

佛光人不私自化缘,更不私自请托。

一些不明事理不顾大体的僧众,见到信徒,有诉说不完的一些请托:"请代我买一件布料"、"请代我买一双鞋子"、"我要维生素、药品的治疗"、"我想要日本生产的收录两用机",信徒买好以后,因是出家师父,他不好意思要钱,只得说由我供养好了。受者自鸣得意,以为自己德高望重,受人尊敬供养,不知道这是最恶劣的行为。

不但如此,还有一些好走官势豪贵之家的僧徒,今天拜托你护持法会,明天拜托他帮助化缘,引权位而自重,托巨室为后援,庸俗腐化,僧格堕落,僧伦不修,无过于此!更有甚者,自己无才无能,无学无道,但又喜好建寺,待寺成之后,既无信者,又无徒众,只好请托地方土豪劣绅,参予名位,你做管理人,他做董事长。最后这些临时乌合之众,因为理想不一,信念不同,纠纷者有之,诉讼者有之,这一切皆种因于请托所造成的后果。语云:"人到无求品自高",《八大人觉经》云:"无自多求,增长罪恶。"所以,我们佛光人应学普贤大愿王之"请佛住世"、"请转法轮",宁可求法求道,也不要向世俗请托。当然,人间所贵者,相互依助,虚心请托,也是正常的人际关系。为了弘法利生,即使向人叩头请托也无可厚非。但不可为一己之私利,忘记僧宝的尊严,走权势之门,托自己私事。佛教里请托越少,僧宝的地位就越高。

三、佛光人不私置产业

我在第三讲里希望佛光人不可私建道场,现在我还要强调佛光人不应私置产业。

有一些年轻者,常希望自己有一栋房子,或是希望父母分给他一份产业。我常看到年轻的学道者,当他们有了产业,自己的道业就没有了。

过去有一位女众不愿嫁人,来山要求出家,她带来父母给她预备的嫁妆,如电冰箱、电视机、汽车等,当时我叫她把那些东西送回去,她说她自己并不要那些东西,送给常住大众用好了。我说:"不行!你以后在教室里听课,听到电视机的声音,你会想那是你的电视机;你看到有人吃棒冰,也会想到那是你电冰箱里的棒冰,你怎么能安心修道?"

她回答说不会,又说了很多好听的话。但后来当我仍坚持叫她把东西送回去的时候,她舍不得那些东西,只有自己和那些东西一起回家,不再来了。

还有一些原来已出家多年的人,本来在佛教里很安住身心地在求学求道,但后来他的父母买一栋楼房给他,他为了要管理那栋楼房,也只好回家守门户去了。

财产,对俗家人有其必要;但对出家人,如果他不会运用财产的话,产业会埋葬一个修道者。世俗之人,产业越多越好;学道之人,产业越少越好。否则,产业不但不能帮助修道,反而成为修道的障碍。基于上述理由,佛光人除了常住公众的产业,千万不可存有置产的私心;因为私置产业长养贪心,贪欲的洪流,会把我们本已安住的身心冲失。

四、佛光人不私造饮食

在佛教里做住持当家,学问是次要的,主要的是品德和供养心。本山对大众是有心供养的,尤其饮食、灯光、热水,不愿意限制大众。但私造饮食,这是绝对不许可的。

有名的律宗首刹——江苏龙潭宝华山隆昌寺,自古以来,每年春秋二季传戒,住众千人,严持戒法,被尊为模范道场。不知由什么时候开始,准许大众除正餐过堂以外,个人可以"烧小锅",私造饮食。从此,住众成年累月不上殿者有之,不过堂者有之,在房中宴请外客者有之,偷窃山中蔬菜竹笋者有之,盗用常住油盐者有之;僧格的堕落,制度的破坏,自此,宝华山无复昔日的庄严神圣了。

偶尔私造饮食,本是轻微小事。但私造饮食影响所及,却使僧团弊病丛生,岂能不戒慎之。丛林里面,在大寮监斋侍者像旁,写着一副对联:"未供先尝三铁棒,私造饮食九铜锤。"可见过去大陆诸大丛林,已注意此事,所以要提早防患未然。今我佛光人应体会开山建寺的苦心,了解僧团制度的重要,千万要遵守,绝不私造饮食。

本山所有设备,已够大众使用。若有宾客,可在朝山会馆用餐;若有病者,如意寮中可以方便饮食;若因公务误餐,法味堂中留有菜饭;若是特别喜吃酸甜苦辣者,可以吩咐典座特别制造供养大众。

佛光人如系精舍颐养天年者,年老对常住有贡献者,或已担任常住堂主多年者,对于饮食虽可方便,但仍不可邀约他人共进餐饮。

如果大家都能奉行以上各点,则我佛光人必能团结自强,光大佛教。

佛光人第五讲

我每次和本山职事、学生、徒众等讲说"怎样做一个佛光人",

并非是标新立异、创宗立派,我只是惭愧自己无德无能,无法要求全佛教的人士接受我的意见,只能期望我的学生和徒众能遵照指示,确立做人的原则、规范、弘法的观念;希望佛光人都能切实奉行。

须知目前佛教现状,既无制度,又无是非,到处苟延生活,胡混时光,如果我们不高举信念上的旗帜、思想上的目标,怎能为佛教承先启后,策励将来?所以在第五讲中,我提出了四点希望。

一、佛光人要有宗教情操

我们学佛不同于一般世俗之人,佛光人应拥有宗教情操。

什么是宗教的情操?宗教情操就是宗教的性格,意即与生俱来的牺牲、奉献、忍耐、慈悲、公正、无私、诚信、淳朴等的宗教美德。如果在自己的性格里没有这些宗教美德,此人就没有宗教情操。

宗教情操固然是与生俱来的美德,但也可靠后天的培养。佛教徒每天的朝暮课诵、过堂用餐、出坡劳务、参禅念佛,主要目的就是培养宗教情操。佛教徒以为一切修行只是为了了生脱死,其实宗教情操如果没有培养好,怎能了生脱死呢?

现在一些出家剃度受戒之人,究其志愿与精神,有几人具有牺牲奉献的发心?有几人具有慈悲忍耐的德性?更遑论其他公正、无私、诚信、淳朴的性格,有时甚至连一般的做人之道都不俱全,又怎能对佛教和众生作出最大的贡献?并且证悟自性了生脱死呢?

我们发心学佛,把自己奉献给三宝,须先考查一下自己的宗教性格。现在佛教衰微的原因,就是僧团里具有佛教性格的人太少了。我希望佛光人不能疏忽宗教性格,不能不培养宗教情操。

怎样培养宗教情操? 应先具有四心:

(1) 离欲心。(2) 惭愧心。(3) 平等心。(4) 慈悲心。

然后再具有四德:

(1) 威仪德。(2) 行持德。(3) 忍耐德。(4) 普济德。

总之,佛光人的佛教性格,应该是信仰比生命重要,佛教比自己重要,大众比个人重要,道德比金钱重要。有了佛教的性格,做好佛光人就不困难了。

二、佛光人要有因果观念

现代的社会,常被有道之士批评为"世风日下,人心不古",为什么会如此? 主要的原因就是,今日社会大众普遍缺少因果观念。

佛法昭示我们:"菩萨畏因,众生畏果",生为现代欲海洪流的芸芸众生,普遍不明因果,不怕因果。目前社会上,到处是能骗则骗,能贪则贪,能抢则抢,能占则占,横竖法律不是万能宝典,违法也不一定有人知道,就算有人知道,法律也不一定能制裁。其实不然,即使没有法律制裁,因果也不会不制裁的。

一个人如果做了违背道德的事,即使逃得了法律的审判,也逃不了良心的审判,逃不了因果的审判。日本楠正诚死后,在衣服里留了五个字"非、理、法、权、天",此五字的意思就是"非"不能胜"理","理"不能胜"法","法"不能胜"权","权"不能胜"天";"天"就是因果,因果才是最后的胜利者。

过去佛教长老大德,考验后学,也是先观察他是否忠诚,然后明了他是否有因果观念? 因为学道之人,若不忠诚,若无因果观念,则此人一定会营私舞弊,弄法玩权,非但无益于大众,甚至还会伤害到常住和佛教。

不幸的是现在佛教僧团亦如社会,因果的观念越来越淡薄,没有为教的热忱,没有为众的公德。曾任"中国佛教会"秘书长的常惺法师以"惑业苦"的定律,讥讽应赴者为"和尚怕斋主,斋主怕因果,因果怕和尚",真是刻画到了极顶。

我们佛光人,应不同于流俗,僧格的树立,应先有因果观念!宁可无钱、无衣、无物,也不能不明因果;宁可无名、无位、无用,也不能违背因果。

侵犯常住公物,是违背因果的定律;浪费常住所有,是违背因果的行为。只凭一己之私,不顾佛教荣誉,不念他人利益,所以古德慨叹"袈裟下失却人身,而作披毛戴角还"的警语,即此之谓也。

三、佛光人要有惭耻美德

《佛遗教经》云:"惭耻之服,于诸庄严最为第一。"在佛教里想要激励自己的菩提心、荣誉感,以及进德修业、敦品向学,没有比惭愧的美德更重要的了。

所谓惭愧,惭者怕对不起自己,愧者怕对不起他人。一个人能够时时仰无愧于天,俯无怍于人,则此人的道德梵行,就几近于圆满了。

但是遗憾的是,现在的人已经不太重视惭耻的美德了。例如有些明明是僧宝,他不知僧宝的尊严,居然出卖僧格,亲近白衣;有的美其名曰灌顶、曰传法,白衣上座,僧装下跪,这不是佛说的末法现象吗?有少数经忏之流,上着袈裟,下穿革履;口诵经文,心计单银,这不是无惭无愧的写照吗?还有那些身披法衣,手持引磬,挨门挨户敲打者,说得好听是化缘,其实是如丐者乞讨,这不是丧心病狂、忘失惭耻的美德吗?还有一些坐享信施供养,不知福利大众,一意攀缘世俗,不知安分修持,这岂非不重己灵、不知羞惭为何事吗?

省庵大师在《劝发菩提心文》中说:"正法像法,皆已灭尽,仅存末法,有教无人,邪正不分,是非莫辨,竞争人我,尽逐利名,举目滔滔,天下皆是,不知佛是何人?法是何义?僧是何名?衰残至此,殆不忍言!"省庵大师继续说:"每一念此,不觉泪下。"这就是惭耻之心,这就是菩提正念。希望我佛光人亦如省庵大师,常念众生受苦,常思正法久住,痛切忏悔业障,发心弘法利生,做一个保持惭耻心的真正佛子!

四、佛光人要有容人雅量

我经常告诉大家:我们要有容许异己的雅量。

人,是非常复杂的众生,有地域的不同,有性别的差异,有年龄的悬殊,有职业的类别,还有信仰、思想、兴趣、利害种种的不同,没有容许异己存在的雅量,就不能体会因缘和合的佛法,就不能认识互相依存的真理。

语云:"有容乃大。"大海容纳百川众流,所以才能成为大海;虚空容纳森罗万象,所以才能成为虚空,做人要能包容异己,人格才能崇高。

非常可惜的是,佛陀虽开示我们"远离我执法执"的宝训,然自古以来,我执、法执一直是古今佛子的通病。

参禅的禅人不容念佛的净人，念佛的也批评禅者的不是；学教的指斥修行的盲修瞎炼，修行的人指斥学教的不重修持；住茅棚的头陀说大寺院的住持好名好利，大寺院的住持说住茅棚的头陀是自了汉的焦芽败种。总之一句，在佛教里，到处都是你说我不对，我说你不该，批评诽谤，到以后同归于尽，佛教灭亡就天下太平了。

过去有某秘书长告诉我：某领导人要他研究如何打倒东方佛教学院。他说："天主教的神学院，基督教的圣经书院都不必打倒，为什么同教的人要打倒同教的佛教学院呢？"所幸有这位好心的秘书长，不然，我们的佛教学院不被打倒，也会遭遇更多的麻烦了。

希望作为佛光人的大众，不要强人同己，要明白"方便有多门，归源无二路"，不必人人顺我，眼耳鼻舌各司其用，才能成为健全的有用之人。有了铁路，再建一条公路，甚至再加高速公路，分工合作，才能发挥更高的功能。

谚云："泰山不让土壤，故能成其大；河海不择细流，故能成其深。"人外有人，天外有天，何必不容许他人存在？若不能明白这个道理，自相残杀，只凭私怨、嫉妒，那会成为佛教的罪人啊！

佛光人如果能做到以上四点，则进德修业、增福增慧，不为难也。

佛光人第六讲

佛光人聚集在佛光门内，并非无事痴聚的乌合之众，而是以弘法利生为目标的有志之士，所以我们哪怕只是做一颗小小的螺丝钉，也要尽忠职守，让佛光僧团能运转自如，发挥功能，期使所有信者能均沾法益，同获法喜。佛光人应如何尽好自己的职责呢？在第六讲里，我提出了四点意见，希望大家都能切实做到。

一、佛光人要有为教的忧患意识

古德有云："国家兴亡，匹夫有责。"同样的，佛教兴亡，也是我们每一位佛子的责任所在。这种忧时忧教的使命感，就是每一个佛光人应该具备的忧患意识。

我们不能因为目前的佛教盛况而洋洋得意，须知在繁华的表象之下，往往埋藏着重重的危机。近年来，本地政府虽然对于宗教政策，略采开放态度，但是还未能真正意识到宗教的可贵，也无法从长远的角度来处理宗教问题，尤其对于佛教，不该限制的地方处处设限，该设限的地方却又门户洞开。例如光是一个管理人的制度，就使得多少寺院受制于外行领导内行，不能有所发挥。而寺院住持的资格却漫无限制，一些住持没有受过正统的丛林训练，在威仪、佛学、修持、弘法等等方面的能力，都有所欠缺，更遑论领众熏修，净化社会！类似这些不合理的规定还有很多，对于佛教未来的前途，将是一大隐忧，吾等佛子是否据理力争，是否能力图改善呢？

这些年来，外道人士目睹佛教兴盛，因此也在他们的仪式学说中，掺入佛教的色彩，企图鱼目混珠。一些邪魔歪道更是表面上打着佛教的旗帜，事实上敛财骗色，无所不为。然而一些佛子们却还在醉生梦死，只知道赶赴热闹，锦上添花，却不知道自我充实，破邪显正。长此以往，佛教日渐削弱，有心之士，宁不忧乎？

佛光人不能因为今日佛光山的各项建设还算平顺，就掉以轻心。现在大部分的佛光人未曾参与早期的开山建寺，所以不知道一砖一瓦来处不易，一桌一椅物力维艰。目前的社会虽然没有过去物质缺乏的窘状，但是世界各国的经济普遍不景气，天灾人祸又频仍不断，寺院的油香供养自然受到影响，加上工商业社会形态逐渐取代了过去的农业社会组织，兴建法会、化缘募款的方式将日趋式微。近几年来，佛教团体如雨后春笋般蓬勃发展，如果我们不开源节流，另谋良策，只借佛教可用资源，越分越薄，大家都要同归于尽了！

危机并非注定败亡，假如我们能善观时变，未雨绸缪，危机就能转为契机。目前我们的教界没有制度，不问是非；一般的教徒也只看眼前，不管将来。所以佛光人的当务之急，就是要培养为教的忧患意识，不但要自我充实、广开门路，更应关心国家、社会、佛教、众生的当前需要，时时思维未来的前程应何去何从！我们不仅应该记取印度、西域、印度尼西亚等国佛教遭逢异教入侵，中国三武一宗，民国初年教产兴学的法难教训，更须常思效法高僧大德为法忘躯、舍我其谁的道德勇气，担负起绍继如来家业的神圣使命！

二、佛光人要有为道的笃实心态

我们学佛修道，最重要的莫过于求真务实，里外一如。

在丛林里如果赞叹一个有道心的人，常说他是一个"本分的修行人"。所谓的"本分"，就是一种"造次必于是，颠沛必于是"的笃实心态，也就是将佛法落实在日常生活中，修行到自己的血肉里，乃至须臾之间，都不悖离佛法。例如对人慈悲，就必须真正的慈悲,受人之托,要忠人之事,不能滥用方便,权巧说谎;工作服务,就必须诚诚恳恳地做事,要步步为营,全力以赴,不能好高骛远,不切实际。即使是做一个烧煮饭菜的典座,也要实实在在地将米饭煮得香甜可口,让大众吃了,心生喜悦;哪怕只是写一个字,也要恭恭敬敬地将字书写端正,让别人看见以后,感到高兴。

只要用一瓣心香去供养大众,自然就得到一份法益。否则只是在嘴上说些好听的话,实际上却不是那么回事,非但于道有所亏损,久而久之,也得不到别人的信任,这种虚晃一枪、空腹高心的处世态度,终将使自己陷于失败的境地。

佛光山经过前人的努力,从当年的克勤克俭,白手起家,发展到目前的佛光普照五大洲的成就,可说是集体创作,成就不易。现在佛光山所办的活动都是要最大的,所动员的人数也要最多的,什么都是要求最好的,我们佛光人这种要大要好的心态,固然是无可厚非,值得嘉勉,但也要讲求脚踏实地,按部就班,不要虚妄骄纵,自以为是。就像慈惠法师在《随侍翻译二十年》一文中所说:1977年,徒众们目睹我过去在台湾艺术馆主持的佛经讲座,造成座无虚席的轰动,所以纷纷劝我改在中华体育馆举行,然而这些建议都被我一一否定。弟子们都只看到我的愿心很大,颇能承担,却不知道我向来做任何事,都是胆大心细,审慎规划,量力而为。

佛经云:"勿以善小而不为,勿以恶小而为之。"我们的起心动念,进退举止,非但会影响自己的道业,也将牵动佛教的未来,不仅涉及僧团的兴衰,也将关系众生的慧命,希望佛光人都能从诚信里认清自己,从笃实中向前迈进。

三、佛光人要有对事物的敏锐觉知

佛教里所谓的"一念三千"、"横遍十方,竖穷三际",固然说明了真如自性的妙用无边,更提醒我们要善用自己的真心,在做事时要有敏锐的觉知,六根并用,闻一知十,能够心有灵犀一点通,自然就能收到事半功倍的效果。

想要学习敏锐的觉知,并不须旁人指点,只要自己能在平时留心周围环境,主动了解状况,善于会意灵巧,懂得瞻前顾后,左右连贯,看到了一点,能由点想到线,由线及于全面,自然可以运筹帷幄,预得先机。此外,我们需要培养综合推论,分析演绎的能力,使得四方周遭的事物,都能在当下视野内照顾妥当,让过去、现在、未来三时的情景,迅速掌握在方寸中,如此一来,即使有突发状况,也能善知应变,触类旁通,而不会偏于一隅,惊惶失措。古德有云:"先天下之忧而忧,后天下之乐而乐。"佛光人具有"佛教兴亡,佛子有责"的神圣使命,尤应紧随时代的脉搏,以便走在潮流的前端,引领群伦,步向正道。佛光人肩负"万方多难此登临"的重责大任,更须深切了解当前社会的弊端在哪里?目前的众生需要的是什么?俾能及早对症下药,解民于倒悬。

佛光山开山以来,之所以能在社会上产生些许影响力,不但是因为我们办了许多福国利民的佛化事业,更重要的是我们能随着时代的脚步与众生的需要,不断创造突破,推陈出新。今后,佛光僧团的前途、社会大众的福祉,就要靠现在的佛光人,以敏锐的觉知来掌握自己和佛教的前途。

四、佛光人要有为众的慈心悲愿

佛光人宁可以没有学问,但是不能没有慈悲;佛光人宁可以丧失一切,但是不能丧失慈悲。因为慈悲是佛法的根本,慈悲是济世的能源。我们的教主佛陀示现娑婆,教化众生,固然是基于慈心悲愿;即便他在因地修行时,种种的难行能行,难忍能忍,也是为了慈悯众生。我们后世佛子怎可安逸懈怠,自私自利呢?

慈悲既是如此重要,我们应如何长养慈心悲愿呢?佛教里常说"佛法在众生中求",慈悲既是学佛的根本,又何能自于其外?所以,我们应该从处众、和众、爱众、敬众、助众、利众、容众、领众……当中,培养自己的慈心悲愿。

一般人做到的慈悲大都是一时的慈悲、热闹的慈悲,至于永恒的慈悲、寂寞的慈悲,就必须运用我们的智慧,才能洞悉其中的珍贵;必须发挥我们的愿力,才能不畏艰难,坚持到底。例如济苦救贫,以财物来纾解众生的困境,固然是一种慈悲,但是它只能济人于燃眉之急,而无法使人永久得度,所以我们说它是一种"一时的慈悲";相对而言,兴学办道,以教育方式,从根本上启发众生的慧命,著书立说,宣扬佛陀的真理,就是一种"永恒的慈悲"。开办弘法活动,举行斋戒法会,不论是以活泼动态的方式,或以庄严肃穆的场面来摄受众生,大都属于"热闹的慈悲";相形之下,文化事业虽然向来不受重视,但是却能无远弗届,对大众产生莫大的裨益,对社会有着深远的影响,这就是一种"寂寞的慈悲"。

佛光山在海内外建寺安僧,汇集文化、教育、弘法、慈善等佛化事业于道场之内,依据众生的根器,观机逗教,应病予药,标本兼治,可说是在实践最彻底的慈悲。

我们因慈悲而聚集在佛光僧团里,共同为慈悲的目标而努力,希望大家对慈悲都能具有深刻的认识,让慈悲的佛光能遍照寰宇,让慈悲的法水抚慰众生。

佛光人第七讲

俗语说:"死有重于泰山,有轻于鸿毛。"古今中外的有德之士尚且在危急存亡之际,轻财利、重仁义,我们佛光人自许为社会的清流砥柱,佛门的龙象栋梁,在待人接物时,更应该在轻重得失之间,作一个正确的选择,所以《怎样做个佛光人》第七讲中,我提出了下列四点意见,希望大家共同勉励。

一、佛光人以佛法为重,以世法为轻

在佛教里称世间法为有漏法,因为在这个世间,尽管我们享尽荣华富贵,亲眷恩爱不渝,如果没有佛法作为生活的指南,终究是贪欲瞋恨、愚痴邪见,毕竟是诸苦聚集、恼害身心。如果我们对于世间诸法没有一点自觉,对于五欲六尘没有一点醒悟,那么不但生命的境界无法提高,而且也会如同俗人一般随波逐流,在烦恼的深渊里无法自拔,更遑论益世度众了。因此佛光人处世之道,首先应该以佛法为重,以世法为轻,换言之,就是必须以佛法来引导世法。

我们必须确实认知五戒十善、因缘果报、慈悲喜舍、六度四摄、三法印、八正道、四圣谛……这许多佛法都是救世的良药针砭,是解脱的不二法门,是苦海中的慈航,是长夜里的明灯。如果我们不

如此肯定佛法的重要性，就很容易随俗流转，一旦境界来临，无法作主，不但自度不成，反害他人。多少佛教人士，虽然剃了头，出了家，但是人在山林，心在世俗，充其量只不过是形同沙门；我们宁可人在世俗，心在佛法，做个真正身心出家的法同沙门。

怎样知道自己能否"以佛法为重，以世法为轻"呢？我们可以这样考验自己：当世法与佛法有了冲突的时候，我自己应如何取舍呢？

例如当自己的贪心生起的时候，我是否能够运用佛法，告诉自己应该放下，转贪婪为喜舍？当面对冤家仇敌的时候，我是否能以佛法来化解瞋恨，而不向对方报复还击？当世俗上的喜好与学佛有所相悖时，我是否能以弘法利生为重，宁可放弃前者？面对名闻利养的诱惑，我是否能守道而不动摇？当佛法被人攻击批评的时候，我是否能挺身而出，不畏多横，奋力护法卫教？果能如此，我们就是以佛法为重了。

身为佛光人，应该以此为原则，自我培养这份坚固的道心。

二、佛光人以道情为重，以俗情为轻

人，是有情的众生，无法脱离感情而生活，如果人没有了感情，就失去了人之所以为人的内涵条件。但是感情有世俗的感情，信仰的感情；感情有污染的感情，净化的感情；感情有占有的感情，奉献的感情；感情有小儿女的私情，更有对众生的大爱。

世俗的感情，不但指父母亲眷之间的感情，还有朋友、同学、同事、同乡之间的情谊，自己的爱好、兴趣等等，广义而言，这些都是世俗之情。世俗的感情虽然有一时的快乐，但是容易流于占有，具污染性，而信仰的感情则是以智导情的净化感情。

　　学佛并非要我们抛却世俗之情，做一个无情的冷血动物，相反地，佛教非常注重感情，教我们不要舍弃任何一个众生。佛陀在因地修行时，割肉喂鹰、舍身饲虎，甚至成道以后，为母说法，为父抬棺，这些都是佛教重视感情的最佳例证。此外，菩萨称为觉有情，像观世音菩萨恒以悲心闻声救苦，地藏王菩萨二六时中地狱度众，菩萨如果没有真挚深切的感情，如何能对众生生起无私无染的大爱。

　　对于一些爱好，佛法也不至于那么绝情，要我们断然放弃。如金碧峰禅师不就爱钵如命吗？但是这并不妨碍他对空理的体证，到了最后他宁碎玉钵，而将自己安立于佛道之上；金代禅师不也视兰如己吗？然而他能将爱兰的心情，扩大到人我相处上，使世人至今都能从他的故事里，分享到佛法的温馨。高僧大德们并非如同槁木死灰般没有感情，但是他们都能将世俗之情升华，用来爱众生、爱佛法。

　　其实，宗教的信仰就是一种至高无上的感情。例如我们之所以念佛、拜佛，就是因为我们爱佛、敬佛，否则我们怎么肯称念佛的圣号，并且将最尊贵的头叩投在地上呢？所以真正的信仰，是爱的净化、爱的提升，是拥有比人间的情爱更善美的内涵；真正的信仰，是心甘情愿地奉献，是至高无上的牺牲，是立足在比世俗的感情更高超的层次上面。

　　为什么我们要对佛教牺牲奉献？难道佛祖要我们的感情吗？不是佛要，而是我们"公修公得，婆修婆得"，是要自己全心全力地付出之后，才能有所获得。

我们不妨扪心自问：在待人处事的时候，都能不离佛法吗？若能如此，才能安于道中，不为境转。否则，都用世俗的方法尽情往来，在利害关系下臭味相投，一旦俗情和佛法有了冲突的时候，就会宁可要我的父母，不要我的师长；宁可要我的兄弟姊妹，不要我的同道法侣；宁可要我的俗家，不要我的常住；宁可要我的荣华富贵，不要我的法身慧命。这样一来，不仅是佛教的损失，更使自己陷于万劫不复的地步，岂不令人扼腕叹惜！

所谓"俗情淡一分，道念才能增长一分"。"天人交战"往往是学道者必经的心路历程，一个修道者的成功，就是以道念降伏俗念，以法爱战胜俗情。"爱不重不生娑婆，情不深不受苦逼。"俗念凡情深重的人，容易陷于爱河欲海之中，迷失自己的慧命，甚至在袈裟下失却人身，更有负十方的信施与常住的栽培。希望大家在俗情与道情之间，都能有圆融智慧的取舍。

三、佛光人以实践为重，以空谈为轻

佛教之所以衰微的主要原因，在于教界人士只知空谈高论，不切实际，深奥玄妙的道理说太多了，反而使佛教教义中利于众生、服务社会的方法渐渐被人忽略淡忘，以致世人轻垢佛教，以为只是普通心性之学或消极悲观之说，不足以经世济民、匡正人心。

经常看到一些法师们谈玄说妙，说得有如入定般自我陶醉，信众们却全然听不懂，这又有何益？我也时时目睹一些同道们，高谈阔论为教为众的一番理想抱负，但是自己不肯动手去做，也不过是说食数宝罢了。

在这个日新月异的时代里，要学的，要做的，实在是太多了，为

了自我快速成长,广度无边众生,最好的方法就是边学边做。在实务中发现不足,在不足中寻求突破,在突破中不断进步,抱持虚心的态度与务实的精神,这样才能自他二利,做一个名符其实的大乘行者。

曾经有人赞美日本人边说边做,德国人做了也不说,而某些中国人最为人垢病的就是只说不做。令人汗颜的是,在佛教界只说不做的人却何其多!三十年前的台湾,多少人倡言佛法应该电视化、电影化、文艺化、大众化、通俗化、社会化,但是他们只是空谈而不去实践。我们佛光人最具有德国人的精神,尽管在文化、教育、弘法、慈善各方面已经多有建树,但是大家却能效法古德谦虚自抑的美德,只愿默默耕耘,不计收获和得失。

今日,我们可以很骄傲地说:"佛光山开山近四十年来,没有一个闲人。"佛光山每一个分子,读书的读书,修行的修行,弘法的弘法,度众的度众,甚至一个人身兼数职,忙碌于利生的工作。一桩桩佛教事业,就在如此千辛万难之下建设起来;一颗颗菩提种子,也在万丈红尘之中长养了慧命。这些都是佛光山重视实践的成果!

所谓"说一丈,不如行一尺",盼望佛光山的后辈佛子们,也能发扬前人身体力行的精神,宁可做一个苦苦恼恼的小兵小卒,也不要做一个空腹高心、不切实际的聪明人;但求尽己之力回馈社会人群,供养十方大众,不必寄望于他人的供养。我们为信者添油香,上报四恩,下济三途,才是佛光人对佛法的实践。

四、佛光人以是非为重,以利害为轻

目前的社会之所以乱象丛生,就是因为有太多人唯利是图,凡是不利于我的，尽管有利于社会国家，合乎公理正义，也不肯牺牲一点，古人所谓"拔一毛以利天下而不为也"，正是这种人生的最佳写照。

然而最可悲的，还是自许崇奉大乘宗门，以弘法利生为依归的中国佛教，不能团结力量，无法凝聚共识，究其原因乃由于一些教界人士只问利害，不问是非，只要是有交情的亲朋故友，如何自私自利都无关紧要；只要是直属的宗门派下，怎样的不合理法，都能包容忍耐；只要自己受到一点恭维赞美，常住的前途尽可以弃之不顾；只要我能分得丝毫利益好处，众生的幸福可以一概抛诸脑后。长此以往，不论对自己、对团体都是一大斲伤；对佛教、对众生来说，更是有所戕害。

因此，凡我佛光人要以事理为重，只要是对的、合理的，尽管对自己不利，也要赞同支持；只要是错的、不合理的，纵使对我如何有利，万死也不能苟同。一个人能够把是非看得比利害重要，这个人就有人格，就会受人尊敬；一个团体的每一分子，都能把合理善恶置于个人得失之上，这个团体就有希望，就有前途。

我回想自己过去在丛林里，曾经有一些很要好的同修道友，我们之间无话不谈，然而当他们后来背离佛教，另谋发展以后，即使想要给我多少的利益，我都拒绝接受，因为"道不同，不相为谋"，所谓"宁教老僧堕地狱，不拿佛法做人情"，希望大家对是非利害有这样的认识。佛光山的文教事业虽然年年亏损，仍然不惜投注大量的财力心血，因为我们不计个己的利益，心念所系者乃佛教的前途与众生的慧命。

实事求是的精神乃我佛光人宗风所在，凡我佛光人都要努力延续这项传统于千秋万世。

佛光人第八讲

佛教流传至今，在无形中产生了一些积非成是的弊端，及正邪之间的论调，已逐渐成为进步的阻碍，我们佛光人具有广大的目标与志向，自不能坐视流毒繁衍，腐蚀圣教。因此在第八讲里，我提出下列四点意见，希望大家从自己开始，切实做到。

一、佛光人不以经忏为职业

人在世上都有职业，佛教的出家人以何为业呢？古德有云："弘法是家务，利生是事业。"现代的僧伽应该以讲经开示、授课教书、著作编写、慈善救济、教会行政、大众传播、领众熏修，乃至服务道场，建设许多的佛化事业，以继往开来、绍隆佛种为职志。然而曾几何时，经忏佛事却因为容易维生而成为一般僧侣的职业，所谓"会得香云盖，到处吃素菜。"经忏佛事本来是人间了生脱死、弘法度众的法门之一，如今竟然沦为佛教僧侣的生存方式，诚为可悲！如此行径非但有违佛陀拔苦予乐的本怀，抑且埋没人才，使僧格堕落，徒令外人鄙视，丧失向道之心，论其罪过，可谓深矣！

所以，佛光人应该以经忏佛事作为和信徒结缘的方式之一，不可用为商业行为；我们应该抱持至诚恳切的心态，将经忏佛事做得庄严如法，切忌流于世俗经营，以应酬热闹为能事，否则无以昭示佛恩，更遑论生亡两利！

我深知经忏佛事虽然行久弊生，却无法禁止根除，因为有些信徒可以一辈子不听经闻法，但是百年之后却不能不需要法师念经超荐；有些信徒可以在平日不参加法会诵经，但是在喜庆时节却不能不延请法师念经祝祷。因此，希望佛光人对于经忏佛事，应懂得净化改善，以此作为度众的法门，以此作为弘法的方便。或有斋傡，也应供养常住，不为己图，则更能增进道念，有益于修持。

二、佛光人不以游方为逍遥

今天佛教人才不易培养，主要原因之一是由于许多僧尼出家未及一年，三事云衣一披，便借参学美名，如无祀孤魂一般，不务正业，四处云游，既不懂得佛门规矩，威仪也不周全，非但不能参悟佛法，光大圣教，反而随俗流转，有辱佛门，令人叹息不已！

顺治皇帝云："天下丛林饭似山，钵盂到处任君餐。"虽然说明佛法的广大，丛林的海量，但是如果我们只是如此行南走北地生活，对于阐扬圣教却不能建立深切的使命感，对于广度众生却没有抱持热忱的态度，即使是已经在三师七证之下，受过三坛大戒的比丘、比丘尼，也不足法式！

在《师子吼经》中，佛陀曾告示弟子，经常游行在外的人有五种艰难：(1)不诵法教，(2)忘失所诵之教，(3)不得定意，(4)已得三昧而后忘失，(5)闻法不能持。希望僧众们对上述几点能有所警惕。所谓"一钵千家饭，孤僧万里游；为了生死事，乞化度春秋。"看似逍遥，但这种洒脱自在的生活不是一般德薄愿浅的佛子所能轻率效法；这种内修外弘的方式，更不是一般入门初学的行者可以轻易做到。像惠能大师负石舂米多时，养深积厚，获弘忍大师印可传法后,又在猎人群中韬光养晦十余年,终于龙天推出,大兴禅门;浮山法远禅师在参学过程中,忍辱负重,艰苦卓绝,方能成为佛门龙象,化人无数。高僧大德的行谊,现代的僧伽能做到几分呢?

古人说:"读万卷书,行万里路。"试问今之游方者可曾读破万卷书?对于云游参访的意义又了解多少?明末清初的大学者顾炎武曾说:"有体国经野之心,而后可以登临山水;有济世安民之略,而后可以考古论今。"一介书生尚且有如此弘远的抱负,何况肩负利济群生重责大任的佛门释子呢?儒家有所谓"学而优则仕"的观念,吾等滥厕僧伦,则应该在道业有成,威仪具足之后,才可以四处参学。孔门有所谓"十载寒窗,一举成名"的说法,吾等菩萨行者则必须十年苦行,安住学习,以待大器晚成,普利众生。希望凡我佛光人都能恪遵佛光山的剃度法语:"出家十年莫游方,我居一处乐无穷。"

三、佛光人不以自了为修行

学佛修行本来是佛子的本务,但是时至今日,许多出家人却道听途说,盲修瞎练,所修的行持已经与佛道渐行渐远。

例如有些人倡言住山闭关,招人募捐护持,供养食宿生活,但是因为自己没有道行,在外独居又缺乏僧团大众的督促力量,所以没有多久,就日渐懈怠,道业未成,却已沦为物质的奴役,未能善了此生,却徒造恶因,遑论悟道脱死!还有些人主张放下万缘,如槁木死灰般枯坐念佛,借修行之名,坐享其成,懒于劳作,衣来伸手,饭来张口,不知福慧双修,行解并重,却妄想佛道有成,速往极乐,何其自私!

欲求生净土,必得发菩提心,持戒修善,自行化他,勤修三福。佛经云:"不可以少善根福德因缘得生彼国",哪里仅有念佛一途就能成事?古德说:"没有心开意解,不可闭关;没有开悟入道,不可住山。"没有积集足够的福德因缘,未能具备大死一番的决心,却奢言住山闭关,了生脱死,何异缘木求鱼?

佛陀曾喝斥过分出世的二乘弟子为自了汉。而诸佛如来"三祇修福慧,百劫修相好",悲智双运,广利众生,才能六度俱全,成就无上正等正觉。因此真正的佛道是在牺牲奉献中实现自我,真正的修行是在服务大众中培福积德。

修行!修行!究竟什么叫作修行呢?具体而言,丛林劳作是修行,精研佛学是修行,接引十方是修行,宣扬圣教是修行,慈悲喜舍是修行,禅净戒行是修行……乃至正心诚意,福国利民都是修行。希望我等佛光人都能切实了解修行的真谛,发心做社会的贡献者,不要做社会的分利者;立志做世间的生产者,不要做世间的消耗者。

四、佛光人不以无求为清高

古德说:"人到无求品自高。"本来是用来勉励大家的志行节操,然而时人却误会其意,错以无求为清高,在学业上得少为足,不求甚解;在事业上但求温饱,不求发展,而这种想法,尤以自称"方外之士"的出家人更为普遍!

其实真正的无求,它的对象应该是身外,而非心内;应该是私利,而非公益。也就是说,对于外在的名闻利养,我们不必卑躬屈膝,渴求追逐,但是当内心有所不清净,有所不知道,有所不圆满时,我们就应该切实反省,力求改进,或向老师求道解惑,或为自己作得度因缘,或向佛陀祈求印心,或为众生祈福消灾。对于个人的利益,我们也尽可看轻看淡,但是当大家的权益需要保障时,我们就必须挺身而出,为众谋福。佛光人以净化自我,弘法利生为己志,对于"善法欲"的追求更应具有深刻的体认。

例如慧可大师不"求"初祖达摩为其安心,如何能深得禅门法髓?玄奘大师没有"求"法热忱,如何能发扬中印文化?最初师事婆罗门的迦叶尊者不向佛陀"求"道,如何能转邪归正?甚至阿弥陀佛如果"无求",不经累劫修行,哪里能成就七宝庄严的极乐净土来接引末法众生?2500年前,悉达多太子证悟佛道以后,如果"无求",即刻入灭,后世佛子不就无福得度?道安大师如果"无求",畏难苟安,佛教哪里能在乱世中继绝存亡?鉴真大师如果"无求",遇难则止,日本的佛教也不会有今日的盛况。

反观今日的佛子因为"无求",或只知自了,或滥行方便,成就道业者几希?若再回顾佛法在佛陀的故乡——印度本土隐晦暗淡;在大乘的圣地——西域一带消失殆尽,更足以令人痛心疾首!我们怎能空言"以无求为清高"?怎能不奋发振作呢?

希望自今尔后,凡我佛光人都应该努力从下面四个方向着手:

一、要求自己健全自我,圆成道业,弘法护教,广利众生。

二、力求常住大众和谐,同心一德,法务兴隆,佛日增辉。

三、勤求信徒事事如意,家庭美满;国泰民安,互尊互敬。

四、祈求世界和平幸福,种族平等,众生安乐,消灾免难。

佛光人第九讲

50年来,台湾的佛教由衰微到振兴,可以说这都是佛教界同心协力缔造的佳绩,但我们不能以此自满,必须再接再厉,不但应从历史的纵观,剖析佛教盛衰的原由,以为殷鉴,更要从时代的宏观,探究佛教未来的道路,作为良策。因此,在《怎样做个佛光人》第九讲里,我提出了下列四点期许,与大家共勉。

一、佛光人的行为要有社会性

许多人出家以后,一开口说话,就离不开"了生脱死"、"断除烦恼"、"万缘放下"、"入山清修",所做的事情也不外乎念佛修行、参禅打坐,甚至整日眼观鼻、鼻观心,无所事事,不但行为与社会大众乖戾,思想也和整个时代脱节,以致外人病我佛教消极、厌世、自私、隐遁。

其实"僧伽"意即"和合众",但是在中国历史上,由于掌权握势的政治人物及活跃社会的士大夫们短视近利,他们无视佛教净化人心的功能,畏惧僧人的博学多闻及聚众力量,以一切手段,或恩威并济,或助长舆论,将僧尼驱入山林,不问世事,久而久之,出家人本身也安于隐居道场,不热衷参与大众事务。因此尽管自己与别人同为社稷一分子,同尽国民之义务,却被视为异类,无法得到应有的重视,遑论弘法利生、发扬圣教。

披览佛典,释迦牟尼佛的托钵乞食,四处行化;观世音菩萨的游诸国土,度脱众生,无非说明佛教深入社会的重要性。翻阅教史,庐山慧远如果不结社念佛,道安大师如果不聚众讲学,佛法如何能在乱世中继绝存亡?慈藏如果不为王宫贵胄讲经,元晓如果不入民家酒肆宣道,新罗王国就不能法益均沾,普受佛恩。

随着信息科技的发达,群我关系日盛,社会性格更是每一个出家人不可或缺的条件之一,凡我佛光人不但要到国家会堂开示法要,也应该至乡村陋巷领众熏修;不但要举办慈善事业,济贫救苦,也应该大兴文化教育,遍洒菩提种子;不但要接引青年男女,为圣教注入新血,也应该化导幼龄儿童,使佛法灯灯相传;不但要广纳十方,光大宗门,也应该拓展道场,国际弘法。唯有内修外弘,行解并重,我们才能遍学法门,圆满佛道。

二、佛光人弘法利生要有使命感

谚语说:"一个和尚挑水吃,两个和尚抬水吃,三个和尚没水吃。"这句话用来形容僧团可说是入木三分。而"逢斋颈似鹤,遇事头如鳖"的戏称,更说明现代僧伽对弘法家务、利生事业缺乏应有的使命感,因此只有任人讪笑轻侮,又怎敢夸言自己是释门弟子?

鸠摩罗什为来震旦传教,不惜含垢忍辱;昙无竭为往西行求法,更是备尝艰辛,然而今人面对圣典,或轻心慢意,读而不行;或借搏名利,苟且偷生,清夜自问,宁不泣血锥心?神会力阐顿悟之理,为六祖惠能定位,南宗法系自此日益隆盛;法照创五会念佛,来往宫廷寺院之间,致力弘扬净土,念佛法门因而深入人心。但是后人却以修禅念佛为名,独善自了,致使宗门转弱,法要尽失,念及于此,岂能无愧无悔?

凡我佛光人以八宗兼弘为己任,以承先启后自我期许,焉能任令佛法飘零,后继无人?因此我们应该时时生起殷重心,禀持使命感,以教为命,以众为我,切实做到不忘初心,健全自我能力;坚守岗位,光大常住宗风;建设事业,发扬佛教精神;奉献心力,利乐一切众生。

三、佛光人五欲六尘要有自制力

走入社会,拥抱群众,弘扬佛法,广利有情,这是佛光人责无旁贷的使命,然而身处在五光十色的红尘里,名利能煽动我们,感情能迷惑心志,威势能迫人就范,苦难能左右意念,我们怎能不谨慎戒惧?

以中外佛教法难为例,外人嫉我勃兴,惧我力强固然是原因之一,最重要的还在于佛教内部弊病丛生,淳源渐失。例如各个宗派之间,由义理之辩到名位之争,已超乎法执之外。教内无法团结,给予有心人士可乘之机,再加上随着佛教的发展,信施日盛,贼住僧尼滥厕佛门,或行谊轻慢,奢侈浪费;或崇尚空谈,坐享其成;或昧于俗情,耽于逸乐;或罗致利养,不知修行。由是敌教者鼓动其间,唆弄上位,因之招来祸端,出家人下焉者曲意谄媚,迫害佛教,令人痛心!中焉者外缘不具,内学不足,骇于恶势,只有舍戒还俗一途。上焉者入山避害,默守僧戒,甘于清苦,以待来时,乃至如智实法师宁受杖责,抗章不屈;法琳法师舍身上奏,溯源驳祖;法冲法师不顾己命,纳僧施粮;灵裕法师昼读俗书,夜谈佛理⋯⋯佛教就在这些有心人士的努力护持之下,避免根绝的命运,他们的高风亮节也就流传千古,与圣教并辉。至于道悦禅师迎刃就死,不引贼路;道楷大师荣及而辞,受罚不欺;印简法师虽遇兵难,不离常住;从谏禅师当面拒子,阖门不出⋯⋯他们置生死荣辱于度外,弃功利俗情如敝屣的懿行高节,如今仍被世人讴歌传颂,怀念不已。

先人已远去,典型在夙昔。今后社会的复杂更甚于过去,面对五欲六尘,凡我佛光人应该要有自我肯定的力量,不但肯定自己的能力,也要肯定自己所选择的道路;不但肯定佛法的殊胜,也要肯定常住的方针,如此则能临难不苟全,生死不易节。凡我佛光人也应该具有自我尊重的力量,不但说话诚恳,做事负责,乃至在日常生活时,也必须端心正意,不犯威仪,如此则侮辱不临己身,俯仰不愧天地。凡我佛光人更应该要有自我自在的力量,将一切人、地、事、物视为修行的道场,凡事内省自观,只问耕耘,不问收获,则八风于我何有哉?凡我佛光人还应该具有自我安乐的力量,以佛法为安身立命的根本,如《剃度法语》所说:"无钱无缘随他去,只求佛法作慈航。"如果我们能扩大一己之心胸,视佛教之兴衰为己命,自然能安住身心,不为物役;如果我们能升华个人的感情,视众生之安危为己任,自然能忘却烦恼,不以己悲。

四、佛光人做人处事要有公德心

唐朝国一禅师曾言:"出家乃大丈夫事,非将相之所能为"。出家,为开悟见性,实现完美人格;出家,乃绍隆佛种,担负如来家业;出家,在弘法利生,做人天师范,众生导师。然而时至今日,僧团里的出家人在做人处世方面,却连俗人都不如,真是令人汗颜!

就拿大乘菩萨道基本的六度精神而言,信徒们节约所用,布施钱财、心力,贡献佛教,反观一些僧众悭贪吝啬,一毛不拔,一力不出;社会人士守法重礼,知耻尚义,一些僧众却在伽蓝内恣意毁戒,无惭无愧;红尘中人不乏动心忍性,修身有成之士,一些僧众反而瞋火盈怀，状似修罗；世俗人为家计生活尚且勤勉工作，奋发向上，一些僧众反而沉溺安逸，怠于办道；在家人借练功学仙，启发少许禅定力量，一些僧众不但不乐修禅，反而遇事冲动，没有定力；信众懂得利用闲暇，听经闻法，一些僧众反而懒于思考，不重慧解，自然也无法将佛法妙谛传授他人。所以近年来虽然出家人数增多，但素质低落，令人堪忧，长此以往，不唯僧伦败坏，甚至累及佛门清誉，危害大众信仰，其影响可谓至深且巨！论其肇因，不外公德心之缺乏所致之。

回顾佛世时，由于僧众均能严守"六和"精义，在行为、语言、思想、见解、经济、法规等六方面和合统一，所以佛教在五天竺迅速发展，及至传入中国，僧团又有"身心交给常住，性命付予龙天"之说，因为僧众爱护常住，尊师重道，故能倍受时人敬仰，宋朝大儒在参访禅林以后，就曾经赞叹"三代礼乐尽在僧家！"惜乎明末清初以后，徒子法孙制度盛行，僧尼执持道场，苟且营私，成为变相家庭，不唯寺院弊窦丛生，教界也犹如一片散沙，佛教因而日趋衰微，僧伽的地位也大受影响。公德心之重要性可见一斑。

凡我佛光人以"佛光普照三千界，法水长流五大洲"为目标，应先从发挥公德心做起：对于佛教，我们要献心献力，不但设法革故鼎新，更应力求发扬光大；对于常住，我们要荣辱相依，不但爱护公用物品，更应拥戴常住政策；对于同道，我们要甘苦与共，不但心怀成人之美，还应身行代众之劳；对于众生，我们要人我一如，不但报答十方信施，更应度脱一切苦难。

佛光人常自诩有佛法作为舟航，有制度以为保障，但这些都是不够的，因为"人能弘道，非道弘人"，所以在《怎样做个佛光人》第九讲里的四点，我希望大家切实做到。

佛光人第十讲

当今台湾的时局，诡谲多变；当今的宗教，邪魔猖獗；当今的人心，江河日下；当今的社会，暴戾充斥！佛光人应如何自处？应如何伸展理想抱负？所谓"己立立人，己达达人"，在《怎样做个佛光人》第十讲里，我提出了下列四点意见，希望大家努力遵循。

一、佛光人生活要佛法化

佛法在哪里？佛法在生活之中，举凡行住坐卧的威仪，扬眉瞬目的禅机，搬柴运水的劳作，穿衣吃饭的琐事，无非都是佛法。

我们经常看到有些人在佛殿礼拜时，非常沉静肃穆，但一踏出佛殿，则三五成群，笑语喧哗，甚至说是道非，议长论短，因为他们只具有"礼拜"这一时的佛法，而非日常生活的佛法，所以一旦烦恼来临，也只有任其摆布。也有些人在听经闻法时，颔首俯掌，振笔疾书，觉得十分受用，但一离开讲堂，立刻受到外缘牵引，贪瞋愚痴，翻云覆雨，因为他们只具有"听闻"这一时的佛法，而非日常生活的佛法，所以一句闲话能令其伤心难过，一个眼色也足致其颓丧数日。这种情况不但普遍发生于在家信众身上，连自许为人天师范的出家僧众，也经常犯过而不自知，究其原因，不外平日对善法不着意，没有反观自省的习惯，所以"说时似悟，对境生迷"。

生活里没有佛法，诚然是可悲的。佛世时，须陀那比丘被女色所惑，悔恨交加；提婆达多为利养所动，犯下五逆重罪，命终堕入阿鼻地狱，无有出期；隋炀帝虽然建寺敬僧，但为人残忍纵欲，最后被勒死于寝宫之中;道明嫉恨惠能继承衣钵,欲追杀加害,差点犯下了滔天大祸。

反观淫女莲华色出家后一心向佛,不久证得神通第一;杀人魔王鸯崛摩罗披剃后忍辱精进,后来也开悟证果;阿育王自皈依佛法后,痛悔往日凶狠暴行,慈悲覆物,终于获得百姓的爱戴;弘一大师学佛后,一改从前风流习气,严持净戒,及至今日,大家仍对他怀念不已。生活里有了佛法,就像黑夜里有了明灯,航船有了罗盘,再也不会迷失方向。问题在于我们是否能循序渐进,善巧运用。

儒家以礼来规范人的行为,并且有所谓的"不欺暗室"。佛门则将佛法运用在生活上,除了讲究行如风,坐如钟,立如松,卧如弓之外,并且要求佛子举心动念必须念佛、念法、念僧。见面时的问讯作礼,固然提醒行者应当"合全十之掌,印中道一心",饭前的供养咒,饭后的结斋偈,则将佛教"无缘大慈,同体大悲"的精神深植心中。随时脱口而出的弥陀圣号,固然蕴藏着无限深意,听经闻法时的瞻仰谛听,也表露出内在的庄严涵养。早晚课诵固然为我们培福植德,排班跑香也能让我们借此修持定慧。从晨钟暮鼓到梵音宣流,从行堂典座到出坡劳务,佛门里的一切行仪,无非让我们从生活的佛法化做到心灵的佛法化,从行为的止恶行善做到心念的自净其意,希望凡我佛光人都能如对佛面,奉行不懈。

二、佛光人信仰要理智化

信仰是人生的宝藏,人,如果没有信仰,就如同贫者一样一无所有。

信仰是人生的力量,人,如果没有信仰,则凡事懈怠,无法产生当下承担的勇气。

但是,信仰有正有邪,正当的信仰应具备信实、信德、信能等三个条件。我们何其有幸,在世界这么多信仰当中,能选择在三者之中均居上首的佛陀作为我们的导师,可惜许多人出家以后,虽然身披僧袍,却不学无术,以阴阳、卜卦、算命、解签糊口混日。也有些出家人虽然自称释子,却无所不拜,举凡上师、活佛、仙道、鬼畜都是他们依止的对象。还有些出家人生点小病,就到处寻医,遍求偏方;一听说哪种宝石可以改变磁场,去邪避祸,便趋之若鹜。甚至有些出家人诵经持咒不为利济众生,却妄求利养恭敬;参禅念佛不为开悟见性,却妄求神通灵异……凡此皆与佛道大相违背。

历史上,多有人打着佛教的旗号为非作歹,殷鉴尚未远;社会上,神棍、乩童借着佛教为幌子敛财骗色,历历犹在目。我们身为佛子,当效法诸佛菩萨及祖师大德去邪显正、匡济苍生的大智、大仁、大勇,焉能错倒谬见,以讹传讹?推究这些怪现象之所以频频发生的原因,无非是由于许多人未能深切理解佛教是觉者的宗教,没有用理智来实践信仰的缘故。一代大儒梁启超晚年对于佛教有很深刻的认识,他曾说:"佛教的信仰,是正信而非迷信,是兼善而非独善,是住世而非厌世,是无量而非有限,是平等而非差别,是自力而非他力。"的确,佛教是禁得起真理考验的信仰,我们应如何坚定信仰呢?三法印、四依止固然是辨别信仰真伪的良方,行解并重,思维省察;提起疑情,努力参究;锲而不舍,实修实证;提出见地,与师印心等,也能为我们的信仰找到明证,更能促进我们生活的幸福圆满。

佛经云:"从痴有爱,则我病生。"又说:佛陀是无上大医王,能医治众生八万四千种病。惜乎众生迷妄深重，即使病情甚笃，不但不服法药，反而以迷治迷，因此旧疴未愈，新恙又生，不唯个人苦痛连连，社会也蒙受危害。希望佛光人都能以理智的态度来实践佛法，以理智的方法来宣扬佛教。

三、佛光人处事要平和化

世事互相缘起，彼此相生相成，所以佛教很注重群我之间的关系，经典里一说到佛，便是"一切诸佛"、"十方如来"；一说到众生，也是"法界众生"、"四生九有"；一说到佛弟子，则是"四众弟子"、"缁素二众"。然而目前许多人一出家，便自大起来，对同道出言傲慢，对信徒颐指气使，殊不知僧之所以称"宝"，是因为彼此平和无争。

华严世界由于自他不二，人我一如，所以光光相摄，事事无碍；琉璃净土因为善人聚会，无男女相，所以安和乐利，政治清明，可见平和是处世的无上法门。观世音菩萨寻声救苦，以三十三应身随缘度众；普贤菩萨恒顺众生，以十大愿行普利有情，所以赢得大家的尊敬，可见平和是做人的最佳良方。西方佛国以水鸟说法、七宝楼阁、八功德水、黄金铺地来行不言之教，可见平和也是度众的最好方式。

俗云"人和为贵"。又说"和气生财"、"和气足以致祥"、"家和万事兴"，世界上没有比平和更宝贵的美德了。当今世界之所以乱象丛生，就是因为人我之间不能平和，所以国家与国家之间战祸连年，种族与种族之间隔阂歧视，团体与团体之间党同伐异，人与人之间尔虞我诈。因此，凡我佛光人欲光照普世，利乐有情，应从自己处事平和化做起,不但要尊重赞美,包容异己,更要自他互易,常存慈悲;不但要相敬相爱,相知相助,更要喜舍奉献,不求回报。

四、佛光人修持要落实化

社会上往往有一种怪现象,有些人呼吁注重环保,但是要他们清扫街道,处理垃圾,他们却连忙一口拒绝。也有些人提倡保护生态,但是要求他们不打杀昆虫,他们却千难万难。还有些人高喊服务社会,但是要他们捐献救灾,他们却犹豫拖延。我们常说,这种人只是徒喊口号,却不能落实在行为上。如果这仅仅是个人的习性倒也罢了,但是好的观念如果不能落实,社会哪里会有希望?好的政策如果不能落实,国家哪里会有前途?

无独有偶,佛门里也常有这种情况,许多佛教徒参禅时乱打妄想,念佛时心里骂人,布施时计较名利,持戒时轻视同参,因此无论修行了多少年,还是没有人缘,尽管遍学了多少法门,依然烦恼重重。这种人就是修持不能落实化。

时下也有些佛子口说敬信三宝,但经常不是嫌这座佛像不够庄严,就是怪那本经书太过艰涩,不是说这间寺院不够富丽堂皇,就是讲那个法师太过木讷呆板,一时之间,皈依三宝的功德都在嘴边漏光了。还有许多人自称护法金刚,但究其实是护神不护人,护师不护道,护人不护事,护情不护法,所以美其名为护法金刚,卫教保僧,实则瓜分资源,毁灭佛法,自以为功德巍巍,实际上罪过深重,这种人也是修持不能落实化。

修持不能落实化,不但旧业未了,而且更造新殃;修行不能落实化,不唯个人受害,也是团体的损失。作为一个佛教徒,修行不能落实,如《华严经》云:"如人数他宝,自无半毫分",了无实益。我们佛光人身负弘法利生的重责大任,首应将自己的修持落实化,否则己未能度,何能度他?

凡我佛光人以弘扬人间佛教、建设人间净土为目标,因此在《怎样做个佛光人》第十讲中的四点,我希望大家都能做到。

佛光人第十一讲

为人之道,首重感恩,更何况自许为人天师范的佛教僧伽,若不知感恩图报,何以宏范三界,利乐九有?所以,在《增壹阿含经》中,佛陀告诫诸比丘:"当知反复,识其恩养。"又说:"嫉妒无反复,此人不可疗,智者之所弃。"

今日的佛教界里,有许多人在家时尚知谦虚恭敬,然而一旦出家,便以三宝自居,稍有荣耀,就妄自尊大;稍有成就,就自以为是。行久弊深,隐忧日现,不但一己之前途葬送在名利场中,无法自拔,佛教的未来,也被个人私欲所蒙蔽,不能远谋,诚然遗憾。有鉴于此,在《怎样做个佛光人》第十一讲里,我想告诉各位,若欲绍隆佛种,光大圣教,必须做到下列四点要求。

一、佛光人将光荣归于佛陀

佛教有一句话说:"仗佛光明。"的确,在佛陀的慈光照耀下,我们对未来充满信心;在佛陀的法水滋润下,我们的人生充满活力;在佛陀的威德感召下,我们的生活有了目标;在佛陀的愿力加持下,我们的人间拥有欢喜。因此,当我们有所进步时、被人赞誉时,一切的荣耀都应当归佛陀所有。即使我们为教牺牲,为常住效劳,为社会奉献,为众生舍命,所得到的一切光荣也应该全部归于佛陀。

试想:如果不是佛陀示教利喜,我们如何能够得到般若智慧?如果不是佛陀弘扬真理,我们哪里会懂得缘生缘灭?如果不是佛陀谆谆教诲,我们怎能净化自己?如果不是佛陀循循善诱,我们能拥有什么?所以凡我佛光人在佛陀的座下依教奉行,立身处世,都应该饮水思源,谦逊卑下。

伟大的佛陀并不一定要我们烧香、献花、供养果食,也不一定要我们顶礼膜拜,随侍左右。在每部佛经的"流通分"里,佛陀均嘱咐诸大菩萨及在场见闻者助其宣扬教义,普度有情,可见佛陀最殷切的期望是我们能承担弘法利生的重责大任,所以凡我佛光人为报佛恩于万一,应该以礼赞三宝来供养佛陀,以讲经说法来供养佛陀,以利乐群生来供养佛陀,以遍设寺院道场来供养佛陀,以广兴佛教事业来供养佛陀,乃至以建设佛化社会、佛化国土、佛化人间来供养佛陀。

总之,佛光人没有自己的光荣,一切都源自佛陀的赐予,《楞严经》中说:"将此身心奉尘刹,是则名为报佛恩。"凡我佛光人应谨记在心,身体力行。

二、佛光人成就归于大众

佛光山近40年来,在全球五大洲建设百余间别分院,在世界各地成立百余所佛光协会,在海内外兴办16间佛教学院、4所社会大学、9家佛光缘美术馆,每月发行数十万份《人间福报》,其他如佛教藏经的新编、养老育幼的照顾、医院诊所的设施、生老病死的归宿等等，佛光山也都全力以赴，成绩斐然，凡此均已获得社会大众的肯定及本地各级政府褒扬。对于这一切的成就，出家僧众不宜掠美，而应归功于全体大众，如果不是因为信施大众的发心，我们哪里能做出这么多的事业，造福这么多的有情？所谓"独木难支，众擎易举"，大众的力量不容忽视。

佛光山每次举办法会活动，动辄数万人参加，如果没有十方善信的发心，怎会有如此辉煌成绩？佛光山每次举行佛经讲座，都是人满为患，对社会净化人心有着莫大的影响，如果没有大众的参与，如何能有此盛况？佛光山每届周六在全世界有数十万人同时、同音称念佛号，如果没有全球信众的共识，怎能有如此殊胜因缘？佛光山每天有数十部义诊车穿梭在全台湾偏远山区，提供免费医疗服务，如果没有善心人士的支持，哪能赢得社会各界的肯定？所以我们不能得少为足，以此自满，而应百尺竿头，更进一步，以最善美的一面呈现给大家。

佛光山庄严堂皇的大雄宝殿，是由14800个信徒共同捐资献力，高入云霄的接引大佛由480名信众，以480大愿共同建设而成，可容2000名观众的大会堂是10万信众共结善缘的结果，大悲观音殿、大智文殊殿、大愿地藏殿、大行普贤殿是万众一心的成就。

从观音放生池中的鸢飞鱼跃，看到信众的慈心悲愿；从急难救助会的赈济财物，看到信众的乐善好施；从朝山会馆的接待十方，看到信众的大愿大行；从金玉佛楼的妥善设施，看到信众的无我奉献；从云居楼、檀信楼的完备功能，看到信众的深心坚固；从大觉寺、大慈庵的修学功用，看到信众的殷殷期许；从佛教学院、沙弥学院的造就僧才,我们看到信众的见识高远。

没有佛陀,就没有佛教!没有信施大众,就没有佛光山!因此光荣要归于佛陀,成就要归于大众。

三、佛光人将利益归于常住

佛光山融和原始僧团"利和同均"的理念与现代社会福利分摊的思想,主张佛光人将净财收入交归常住统筹处理,因为佛光人修行办道的资粮都由常住供给,佛光人学佛读书的费用概由常住支付,所以一切服务所得均应反哺常住,一切智慧收入当然也应该交回常住。

三十多年来,尽管佛光人散居世界各地,有的在校教书,有的道场服务,有的讲经说法,有的编辑写作,然而一旦收到任何净财供养,都涓滴归公,加强常住各种建设;尽管佛光山的别分院遍设全球五大洲,有的侧重文化,有的侧重法会,有的侧重讲经,然而一旦收到任何净财红包,都悉交常住,为大众谋福。

为筹集佛光人的净财收入,佛光山传灯会设立"僧伽福利基金",举凡佛光人的僧装、医疗、参学、旅游等经费均由此支出,举凡佛光人父母的寿诞礼品、礼金等等也由此拨款。此外,佛光山南来北往的交通车、修道服等等,也都是由佛光人以平日所得购买添置,以便信徒朝山、参禅修净之用。

古德有云:"问渠那得清如许,为有源头活水来。"常住有了丰沛的财源可资活用,才能滋润更多的菩提种子,成就波澜壮阔的佛教事业。偈云:"归来一滴曹溪水,洒向云厨味自珍。"佛光人所获得的点滴利益,都应该集中常住,汇为法雨,遍洒人间。希望大家都能将"利益归于常住"的优良传统保持下去,以期同心协力开创更美好的未来。

四、佛光人将功德归于檀那

檀那到寺院来上香礼拜、念佛参禅、听经闻法、布施行善,或到寺院来义务服务、护持三宝、参与活动、贡献力量……凡此都是在播种福田,一旦因缘成熟,自会开花结果,这就是所谓的"功德"。在早晚课诵之后,祈愿回向,祝福檀那吉祥如意,法喜充满,就是"将功德归于檀那"。

或许有人会说:是因为出家人建寺兴教、著书立说,社会大众才能获得法益,净化身心,但细想起来,这一切何尝不是护法檀那所成就呢?我们的一粥一饭,无一不是檀那供养;我们的一衣一用,无一不是檀那所贡献。檀那是佛教的支柱,檀那是佛教的藏室。没有檀那,我们就无能有所作为;没有檀那,我们就不能有所发展。因此一切的功德怎能不归于檀那呢?所以无论是大座讲经,或是法会开示,无论是编辑刊物,或是撰写短文,我们不但应该在事前准备周详,以期言之有物,更必须在事后虔诚祝祷,希望护法檀那都能承此功德,身心自在,并且都能将平安法喜带回家庭,让阖府均沾法益。这就是"将功德归于檀那"。

由于檀那的护持,成就了佛教的进步;由于檀那的发心,促进了正法的久住,所以佛光人无论走到哪里,都应视檀那为亲人,恳切招待,甚至应该抱持僧信一体的认知,视他如己,为其着想,借着联络交流,分担他们的忧悲苦恼;借着馨香祝祷,分享他们的健康快乐。此外,我们更要发扬"存财于信徒"的理念,让檀那在游刃有余的情况下积善培福,凡此都是"将功德归于檀那"。

佛经云:"法不孤起,仗境方生。"一切都是众缘和合所成,希望佛光人要随时提醒自己。

佛光人第十二讲

过去有兄弟二人同时往生,阎罗王判他们来世投胎做人,并且允许他们可以先选择要过什么样的人生。哥哥表示想要过给予的人生,结果一生富贵利达,乐善好施;弟弟表示想要过接受的人生,结果一生贫穷潦倒,以乞讨为生。

这虽然是一个寓言故事,但也是在启示我们:懂得给予的人才是最富有。因此佛教里的四摄、六度均以布施为首,可惜的是,许多人都以为在家信众才要布施,殊不知以上求下化为己任的出家僧众,更应以喜舍布施为重要的修持法门。

佛陀在因地修行时,舍身首脑髓、国城妻子,奉献给众生,这种愿行是多么的难能可贵!千古以来的高僧大德为着求法、弘法、护法,不惜身命,前仆后继,这种毅力是多么的令人钦佩!由于他们的喜舍奉献,不但促进佛教的发展,也成就了自己的道业。凡我佛光人具有承先启后的使命,尤应发扬古圣先贤慷慨布施,不吝给予的精神。因此在第十二讲里,希望大家都能做到以下四项原则。

一、佛光人要给人信心

信心是力量的泉源,信心是人生的基础。凡事只要信其可行,纵使排山倒海之难，也能迎刃而解。凡事只要信其能成，纵使鼎镬加身之苦，也能甘之如饴。在佛教里，信心更是成佛作祖，开悟见性不可或缺的条件。所以《华严经》云："信为道源功德母，增长一切诸善法，灭除一切诸疑惑，示现开发无上道。"《心地观经》云："入佛法海，信为根本。"自己拥有信心固然十分重要，能够布施信心，助人一臂之力，更是功德无量。

马胜比丘的威仪庄严，使原本信奉外道的舍利弗对佛陀产生无比的信心，后来更成为佛陀十大弟子之一，助佛弘化；目犍连的谆谆教诲，使原本万念俱灰的莲华色女对人生产生坚定的信心，后来出家为尼，不久证得阿罗汉果；道安大师的善于教徒，使原本崇奉儒道的习凿齿对僧团产生不移的信心，后来成为佛教的大护法；云谷禅师的指点迷津，使原本抱持宿命观点的袁了凡对佛法产生牢固的信心，后来精进学佛，改造命运。可见想要给人信心，自己必先具备慈悲耐烦、戒行俱全的美德。

披搭袈裟所为何事？弘法利生不是徒喊口号，而是在佛陀与信众之间扮演好桥梁的角色。出家人唯有将佛法远播，让一切有情生起清净的信心，发掘自我般若本性，才算是恪尽己责。所以凡我佛光人应勤于至各地布教说法，以真理妙谛开展信徒的信心；应积极组织念佛会、禅修会，让信徒体会修道的信心；应定期举行献灯、浴佛等大型法会，让广大群众共同参与，培养他们对佛教的信心；应适时举办梵音乐舞、佛教文物展览会，将佛教与艺术结合，以激发社会大众对佛法的信心。

佛门既没有丰厚的物质送给信众，也不以浓烈的感情和信众来往，但信心门里有无限的宝藏，凡我佛光人应该以佛法真理给人信心,以修持体证给人信心,以感动事迹给人信心,以真诚厚道给人信心。

二、佛光人要给人欢喜

人生最宝贵者,不是金钱物质,不是功名利禄,而是欢喜。人生若无欢喜,即使富甲一方,权倾朝野,还是没有意义。所以真正的欢喜,不是外在的拥有,而是心灵的提升。像颜回每日一箪食、一瓢饮,却不改其乐;摩诃迦叶虽日中一食,树下一宿,却其乐无比;跋提王子出家后虽只有三衣一钵,但法喜无穷,有胜于皇宫里的锦衣玉食,所以他经常大声欢呼:"快乐啊!快乐啊!"柴陵郁禅师开悟时,失声而笑,因为他终于找到自己的本来面目。

佛光山开山近四十年来,远绍教主佛陀示教利喜的本怀,上承历代祖师拔苦与乐的悲愿,向以"给人欢喜"的信条戮力于弘法利生的工作。所以我们在世界各地遍设别分院,并非为了自己居住,而是要让大家都能愉悦地体验佛教的生活;我们在海内海外成立佛光会,也不是为了扬名万世,而是要让佛子都能欢喜地联系彼此的友谊。我们将殿堂布置得美轮美奂,将庭院打扫得整齐清洁,并非为了自己舒适,而是要令大家同感欣喜;我们安置庄严慈和的佛像,编印语体化的藏经,也不是为了给自己欣赏,而是要使大家都能欢喜阅读;我们以亲切的态度接引来者,以赞美的语言鼓励信徒,并非为了自己的未来,而是想让大家安乐自在;我们以佛法妙谛化导众生,以衣物药品济贫救苦也不是为了自己的利益,而是希望大家身心喜悦。总之,我们礼敬一切众生,必须以众生的欢喜为我们的欢喜。

欢喜不但有感染力,而且是一种互动的情绪。回想数十年来,我将欢喜给予大家,大家喜笑颜开,欣悦的鼓掌也成为我最大的欢喜。1994年,天下文化出版社将我的日记摘录出书,名为《欢喜人间》;后来,讲义杂志社又将发生在我周围的故事连续刊载,名为"人间欢喜",凡此均获得莫大的回响,可见欢喜是人间至宝,给人欢喜是为人处世最根本的德行。

在诸佛菩萨当中,普贤菩萨以恒顺众生、随喜功德来成就菩提;弥勒菩萨以善巧方便、快乐之道来培植福慧。此外,还有欢喜光佛、欢喜藏佛、欢喜德佛、欢喜自在佛、欢喜快乐佛、欢喜庄严佛、欢喜无畏佛、欢喜威德佛、欢喜王菩萨、欢喜念菩萨、欢喜意菩萨……都是以欢喜来证悟佛道,足证欢喜是最重要的修持法门之一。希望每一个佛光人都能立志做一个欢喜菩萨,让佛光山所有的道场都成为欢喜道场,让我们的信徒都成为欢喜信徒,大家都把禅悦法喜带给家庭成员,带到办公场所,将我们的社会建设为一个欢喜社会,将我们的人间,建设成"欢喜人间"。

三、佛光人要给人希望

人,生活在希望当中。只要有一线希望,哪怕是赴汤蹈火,牺牲性命,也在所不惜,这就是希望的可贵,所以我们要时时给人希望。

如何立身行事,才能做到"给人希望"呢?所谓"己所不欲,勿施于人","推己及人,兼善天下",尽己所能,满人所愿,就是在"给人希望"。

信徒为何信仰佛教?因为他们希望拥有净化的人生。

信徒为何来寺礼佛？因为他们希望在佛陀的加被下，福慧双全。

信徒为何护持佛教？因为他们希望圣教兴隆，正法永存。

信徒为何研习佛法？因为他们希望证悟真理，规划美好的未来。

信徒为何亲近出家人？因为他们希望能得到鼓励指点，增加福慧安乐。

信徒的希望就是社会大众的希望，我们弘法利生即是要针对大众的希望来示教利喜。所以，佛光人应该将生活化的佛法传播给社会大众，因为落实生活就是实践希望；佛光人应该将艺术化的佛教呈现出来，因为艺术与佛教结合才能美化希望；佛光人应该鼓励大家皈依三宝，因为皈依三宝就是皈依自己的希望；佛光人应该劝勉大众奉行五戒，因为奉行五戒就能圆满人生的希望。

总之，希望不是虚幻的妄想，而是自我的期许；希望不是沙漠的艳阳，而是愿力的促成。阿弥陀佛的四十八愿、药师如来的十二大愿，在"给人希望"之中，庄严了佛国净土；普贤菩萨的十大愿王、弥勒菩萨的十种大愿，在"给人希望"之中，成就了无上菩提。所以，常常"给人希望"的人，永不退堕，时时"给人希望"的人，意志坚固，盼我佛光人都能为众生长燃希望的火炬，为佛教散播希望的种子。

四、佛光人要给人方便

遭受阻碍打击是最令人苦恼的事情之一。像过去台湾一些公务人员以折磨人为乐，寻常百姓到户政、税务机关办事，往往要跑好几趟才能达到目的。此外，还有些人以损人为乐，例如大家想办公益事业，就因为少数一两个土地持有人不肯合作，而功败垂成。明明是一件很好的事情，偏偏因为一些人蓄意破坏而终止进行。凡此不但于事无益，甚且形成社会进步的绊脚石，诚为可惜！所以佛光人应该将心比心，处处给人方便。

古人有谓："怜蛾不点灯，爱鼠常留饭。"这种将爱心普及一切有情的善行，就是"给人方便"。历代佛教的高僧大德，如道运开凿运河、明远植树防洪、昙融架设桥梁、明度助人渡河，这种种便利大众交通的义举，也是在"给人方便"。

"给人方便"看似利他，实则利己。像隋唐佛教之所以兴盛蓬勃，寺院发展佛教事业，利济苍生，可说是主要的原因之一，例如佛寺附设的碾坊、仓库促进民生的发展；宿坊、车坊便利商旅的往来；义学、译经提升社会的文教；僧祇户、寺库稳定国家的金融；病坊、当铺照顾贫者的需要……凡此"给人方便"的设施，都是公益措施的推行。变文、俗讲、偈语等弘法方式的创新，佛图澄、唐玄奘、刘秉忠等高僧大德辅政，对于国富民安也都具有莫大的贡献。

以落实大乘菩萨道为目标的佛光山，自开建以来，一切的设施无非都是以"给人方便"为原则，例如为了方便看护失怙的孤儿，设立育幼院；为了方便照顾无依的老人，成立养老院；为了方便国际弘法，开办英文佛学院、日文佛学院等；为了方便信徒休憩，植花种树，遍设座椅；为了方便大众使用，设置会议室、会客厅；为了方便佛子学习佛化生活，在别分院成立金刚禅坐会、妇女法座会；为了方便民众因应实际需要，在各道场开设各种技艺班级。"给人方便"不但是慈悲的流露，更是智慧的运用；"给人方便"不但是道德的实践,更是思想的开拓。凡我佛光人应谨守"给人方便"的信条,发展现代化的佛教,让一切大众都能普受法益。

佛光人第十三讲

人非生而知之,乃学而知之。在学习的过程中,有的人以古今圣贤为效法的典范,有的人以一句话作为自我励志的格言。在佛教经典中,有许多至理名言,如《华严经》的"不忘初心"、《维摩经》的"不请之友"、《八大人觉经》的"不念旧恶"、《大乘起信论》的"不变随缘",都值得佛光人奉为座右铭。所以这一讲的《怎样做个佛光人》,就以这四句话作为佛光人自我健全之道。

一、佛光人要能不忘初心

世事无常,但我们的真心不变。眼看今日社会,许多人昨日信誓旦旦,今日完全忘怀;今日誓愿发奋图强,明日依旧懈怠,完全忘记自己所立的志向,失去自己最初的发心。如此之人,世间事情也必定难有所成,何况是三大阿僧祇劫的佛道修行呢?

《华严经》的"不忘初心",是菩萨学道最须具备的精神,有的人虽然也想立志与圣贤看齐,但一遇到困难就会畏缩,改变信念。就如世间人,今年做工赚钱太少,明年改为经商;现在经济萧条,收入有限,明日改为教书;教书清苦,又再改换从政。一直换跑道,一直从头再来,消磨岁月,浪费时光,到最后一事无成。

有人发愿,不达目的死不休;有人誓言,学不成功誓不回。人生只要把路走下去,再远的路总会走到目的地。

古今历史上,多少的大德们往西天求法,宁可捐躯不回,也不会退心失念。很多的大德,为了护持寺院道场,遇到盗贼兵难,宁可与道场共存亡,也不退心他去。

古人既已发心,今忝为佛光人,纵遇挫折委屈,那也只是一时的,应该提起正念,想想我当初是何等发心,何等志向,何等欢喜地来山皈依、披剃,如此一想,初心当能提起,不致失落。

二、佛光人要做不请之友

一般人,都是需要别人请托才肯帮忙;受人请托,给予助缘,这很正常。但是佛光人,参与佛光山的万千事务,结交百千万数的道友,哪能凡事都要常住交代、都要常住邀请?我们应该自我发心,做个《维摩经》中所说的"不请之友",这才名为菩萨发心。

世间大部分的众生都是各有缘分得度,但也有的众生是由菩萨发心前往度化。当初1250名的弟子入道,并非人人自向佛陀求法,而是佛陀愿做"不请之友",为万千众生做得度因缘;观音菩萨救苦救难,有时也是随缘赴感。

平常社会上,多少人的自我推荐,甚至历史上的"毛遂自荐"、"主动请缨"、"闻鸡起舞"、"共赴国难",都是不请之友。我们在常住发心,从事的虽是文教事业,但是慈悲善事,也可以助一臂之力;虽然所做的是总务、会计,但信徒的婚丧喜庆,也可给予随缘祝祷。"人人做知客,人人都四十八单样样全来",这是最好的风范;"拔一毛而利天下,吾不为也",这是焦芽败种。所谓"助人者,人恒助之;敬人者,人恒敬之",你若不做"不请之友",等到你需要人家帮助,何来因缘?

童子军"日行一善,见义勇为";我们效法菩萨发心,所谓"佛教兴亡,人人有责",怎能不把大众事务列为僧信要职,怎能不人人都做"不请之友"呢?

三、佛光人要肯不念旧恶

佛经云:比丘无隔宿之仇恨。此即"不念旧恶"之谓也。

人都有一种劣根性,别人待我种种的好处,很快遗忘;别人有一事对我不好,就耿耿于怀,难以释怀。好比向别人借钱,往往很快就忘记了;别人跟自己借贷,却一直追讨索还,不会忘记。佛光人与世间所不同者,就是心胸宽大,不念旧恶,如《唐雎说信陵君》文中所说:"人之有德于我,不可忘;我之有德于人,不可不忘也。"

所谓:人之恩怨,恩不能忘,怨不能不忘。总想到人生何处不相逢,相逢都在他日有缘中。假如结了怨仇又不忘旧恶,这样的人生想要结交患难之友,是很困难的。

朋友不是,我是;朋友不对,我对;朋友不善,我善;朋友不义,我义,则庶几无愧立足于天地之间。假如所有人等,学问道德都超越于我,人格情义也都超越于我,则我生存于人间,又有何体面?

我们的亲戚故旧,甚至师朋好友,都不是圣贤,都有不周之处,我们应该宽厚原谅,因为自己也会有得罪于人的地方;如果每见他人之过,即念念难忘,则心底何能清净?所以,人际相处,纵然旧恶如粪土污泥,只要我是一朵净莲,则世俗污染又何足惧。

四、佛光人要懂不变随缘

佛光人在僧团里,生活中一样要吃饭、一样要睡眠、一样要工作；即使一般信徒在社会上，一样要做人、要处事、要经营。我们不能离开社会，不能离开群众，所以"不变随缘"是我们的修行，也是良好的应世之道。

世间无常变化，人情冷暖，世态炎凉，但我们要有不变的真心，不变的原则；世间有新的发展，新的人事变迁，只要是好人好事，我们也应该随缘随喜。

不管世间有多少是非传言，声色货利，佛光人要把持自己修道的原则，择善固执，保持不变的立场。但对于慈善、有益于社会大众福祉的事情，我们也要随缘喜舍，随缘帮助，不要失去随缘的美德。

所谓"菩萨"，能在佛国净土"补处"，但也可以倒驾慈航在娑婆世界应化，甚至于地狱度生。"心净国土净"，好与不好，在于自己的修为。不是净土，我们可以转娑婆为净土；不是善人，我们可以转恶人为善人。至少我们自己心中是佛国，是善人。凡事不一定要求他人，重要的是自我要求。

佛光人第十四讲

所谓"长江后浪推前浪"，佛光人在聚众修学中，应该有不同于一般世俗的人生观与处事原则，才不会随俗浮沉。

如何才能不同凡俗，具有佛光人特殊的风格呢？兹举四事来说明。

一、佛光人要有以众为我的认知

佛教最伟大的地方，是不以"我"为唯一，而以"众"为主，所以佛经典云:佛道在哪里求?在众中求。

现在的民主时代,也是以众意为所归,以选票定胜负。佛陀曾谆谆教诲:"舍弃大众,则舍弃一切诸佛。"当初的丛林,聚众修学,六和僧团,也是以众为本。即使受三坛大戒,也要在大众僧团中求受。如受戒时,戒师问:"众集否?"可见不集众,是不能受戒的。

一般人大都只为自己,不重视他人;只管自己,不关心别人。大众为体,大众不存,自己又将依附何方?即使贵为国王,没有人民大众,何能称王?身为长官,没有部属护持,何能为官?诸佛菩萨,没有众生礼拜,诸佛菩萨供在何处?

所以我们佛光人,要先安大众,后顾自己;大众都具足了,何愁没有自己的一份呢?

当初佛陀1250人聚集的僧团,以戒安住,以定安身,以慧安心,以慈安众。尤其今日的佛教,如果僧众团结,就如同5根手指握成拳头,才有力量。如果僧团不像僧团,一人一寺,一人为主,没有众木何能成林?红花虽美,也要绿叶陪衬。今日失去树林和枝叶,如何能见雄壮的佛教原貌?

二、佛光人要有以无为有的思想

世俗之人都过着以"拥有"为主的生活,有财、有家、有人、有情,一切都以"有"为中心。佛说"有情"以"有"来维持生命,但我们佛光人修道,则不一定以"有"为生命,"无"中的生命更大、更广、更多,所谓"无穷无尽"也。

"有"不是不好,君子取财,取之有道,拥有很多的净财,也不为过;有情有义,做人正直,"有"也很好。拥有房屋庭舍、名位权力,用于世间,也是正常人生。但是如果完全靠"有"来维持人生,则人生不能圆满。佛说世间无常,一切的功名富贵、家人财产,在无常的世间,无常的人生里,"有"不是唯一可恃的依据,所以"有"时也要常思"无"日。

所谓"有聚有散"、"有得有失"、"有来有去"、"有好有坏";佛光人可以有道场、有群众、有慈悲、有智慧、有佛法,并不为过。只是在世间的拥有之余,可以在"无"中再讨一些消息。所谓"有求哪有无求好","有心哪有无心高"。做官的人要知道无官一身轻,以无事为逍遥;在僧团里,不必为名位而争,不必为床位计较,不必为人我烦恼,"无事相,绝百非",是何等逍遥;"无法相,无非法相",是何等自在。

我们只要不把世俗的人我是非、钱财聚敛贪婪的欲望放在心上,过一种随缘为法,淡泊朴实的生活,把心归于无量的虚空、无边的法界里,则人生何处不是春天呢!

三、佛光人要有以退为进的雅量

世俗的人都想往前进步,往前冲锋,及至前无去路,知道回头还好,可惜世间有几许人懂得回头是岸呢?

前进不是不好,求学要进步、做事要进步、做人要进步、修行也要进步。"进步"不是横冲直撞,也不是一味向前,所谓进步,做事必须开辟道路,才能进步;读书必须闻修思维,才能进步。

语云:"手把青秧插满田,低头便见水中天;心地清净方为道,退步原来是向前。"人生知道回头,也能有另一番风光。所以有人说:"进步哪有退步高"。俗谚也说:"大丈夫达则兼善天下,不达则独善其身。"同样的,身为佛光人,有缘可以多做佛事,多度众生;无缘,可以自我沉潜,自我养深积厚,也不失为修行之道。

人生的欲求是无限的,有了一,想要二;有了千,想要万;有了钱财,想要官位;有了妻妾,想要添宅。而世间有限,欲望无穷,不如只问耕耘,不问收获,人生无欲无求。来的让他来,去的让他去,得也不喜,失也不忧。"有"固然好,"无"也不挂怀;能够"以无为有",还有什么不能放下的呢?

四、佛光人要有以空为乐的观念

人在世间,都希望追求快乐,有人以拥有金钱为快乐,但是"人为财死",钱财多了就会快乐吗?有的人一心追求爱情,爱情里也含藏了多少的悲欢离合。有的人以拥有权位为乐,但是爬得高,跌得重,尤其许多为官者,毫无尊严,不知何以为乐?有人以事业为乐,遇到经济恐慌,日日忧心,快乐在哪里呢?

所以,我们应追求真正的快乐,拥有慈悲最快乐,明白因果最快乐。拥有法财才能快乐,拥有道情才能快乐,拥有佛心才能快乐,拥有佛法才能快乐,这一切就是说明"以空为乐"。何必计较一房一舍,虚空都是我的;何必计较一人一物,天地都是我的。"以空为有",空中生妙有,不是更快乐吗?

《般若心经》说:"照见五蕴皆空,度一切苦厄。"空,既然能度一切苦厄,又怎能不给予万有之乐呢?我们最大的苦恼愚痴,就是把"有"与"空"分成两个,所以"执有拒空";殊不知"色即是空","空即是有",能够懂得"空有不二",才是快乐人生。

佛光人不要以世俗的知识,随世间左右,应该超出世间的五欲六尘,甚至超越空有,来求取另类的人生,增加未来的成就。

佛光人第十五讲

佛光人不是个体,是一个总体。总体的佛光山、佛光会、四众弟子,我们都给予定名曰:"佛光人"。

佛光人的作为,不可以只为个人的福乐打算;凡有所作,总要想到团体。佛光人不能孤芳自赏,应该顾到团队精神;佛光人应有大我的观念,应有共同的法则、制度,共同所信,共同所依,才能共创"人间佛教"。

所以,怎样做一个佛光人,在第十五讲里,兹举四点来说明。

一、佛光人要发挥集体创造的成就

世界上许多事都讲究团队精神,发挥集体创造的成绩,如一场篮球赛,是团队的胜利,不是个人的胜利。一场足球赛,不是靠哪一个人把球踢进去的功力,而是结合助攻者,包括前卫、后卫、守门员等,大家共同努力,才能进得一球,才能取得胜利。一份报纸,有多少记者、编辑的辛苦;一部电视连续剧,要有多少演员共同的卖力演出。当然,我们六和僧团,所有的成就,也都是集体创造。这已不是一个"一将功成万骨枯"的时代,这是一个荣耀福缘共享的时代。一场法会的庄严,是所有参加的人步伐整齐、队形美观共成;一场梵呗赞颂,是许多和合的音声,才能感动人心。即使大将能干,没有兵卒,又如何能克敌制胜? 所以佛光人不个人居功,凡事不是个人所成,乃大众集体创造的成就。

灵山会上,百万人天,佛陀的托钵行列,1250人众。丛林的建筑,都是四众弟子所成;山林的开辟,都是大众的努力。从事教育的人,开展了文化的内容;从事文化的人,增加了教育的题材。慈善人士,增添了佛教的荣耀;佛教的传承,凝聚了散漫的个人。所以毋庸置疑,这是一个集体创造的时代。

二、佛光人要坚守非佛不作的信念

对于初学佛的人,师长都鼓励他要发菩提心。所谓"菩提心",就是"上求下化";对上,要"上求佛道",对下,要"下化众生"。上求也好,下化也好,总有做不完的佛事,因为这是一个五趣杂居的世间,这是一个圣凡相融的地方,稍有不慎,修行、劳务、信仰都会走了样,因此我们为佛光人定出"非佛不作"的信念。

佛教要"人间化",要"事业化",但更重要的是"佛教化",不能"世俗化"。开办学校,推广教育,不能以图利为本;创办医院,救人一命,不能金钱至上。可以开设素食餐厅,可以创设果园农场,但不能杀生营业,不能唯利是图;可以养牛挤奶,但不能养牛宰杀;可以养狗守门,但不能养狗捕兔。

古人有"不拜佛,不妄行一步;不看经,不随便点灯"的行谊,这就是所谓"非佛不作"的信念。我们佛光人在世间求生,也有求生的原则,此一原则就是"非佛不作"。能够光大佛法的文教慈善,当然应该兴作;弘法利生的事业,更应有所作为。据闻有些不肖之徒,贩卖土地,建屋租赁,兜售水果,开发公司,此非佛光人所应作,切记"戒之!戒之!"

三、佛光人要认同制度领导的精神

自古以来,许多佛教道场,人在法在,人亡法亡;苦心建设道场,只知个人领导,不知付诸大众,建立法制制度。因其平时没有法规、制度,一旦百年往生,弟子徒众争名夺利,怨声四起,致使一个名刹道场,随着世俗没落、潦倒。

佛教的寺产、法物、土地、人众,均为寺院所有,举凡"佛寺"、"佛物"、"佛地"等,皆为教产,应归制度管理,应为大众所有,任何个人不得纷争。

中国千年的古刹,能为人称道者,如天童、高旻、金山、宝华,皆无私人敢起意染指,一切都订有制度。天童有天童的制度,高旻有高旻的规矩,一个团体道场的训练,必须从大众遵守制度做起。制度是共遵的规矩、规约,例如既已出家,早课晚课,不可懈怠;安居寺院,不轻易外出;不可串寮闲话,一人应拥有衣物几许,为常住贡献劳务几时等,一切皆有规定,不可任意要求特权,更不可任意修改或破坏。不遵守制度,大众有样学样,如此容易导致道场的衰败,终至不可收拾。

四、佛光人要遵从唯法所依的准则

伟大的佛法,光是一个"四依止",就足以令人崇之敬之。

所谓"四依止":(1) 依法不依人。(2) 依义不依语。(3) 依智不依识。(4) 依了义不依不了义。

此四依止,尤以"依法不依人"最为究竟,最为伟大。依人,人有生老病死;依人,人有来来去去,所以最好是"依法"。八正道是法,六和敬是法,四弘誓愿是法,六波罗蜜是法,乃至五戒十善是法,三坛大戒是法;佛光人须依法所行,依法所为,不出法外,不出法规。人若有法,人高;事若有法,事贵。正如《金刚经》所云,佛法所在之处,即为有佛。不管是个人或团体,如果不依法,无规矩则不能成方圆;不依法,无制度则不能获得大众的尊重。

什么是法?因果是法,不依因果,即为不信之人;慈悲是法,你不慈悲,即非佛教之人。法,不是用来束缚我们,法是用来规范我们,使我们有方向、有光明、有希望;反之,即非出家学佛之所愿了。

苦海不依船筏,暗夜不依光明,有如不依法,可见其危险。今日一些青年,不依常住,不依宗风,不依伦理,不依长幼,任意披搭法衣,借佛为名,浪荡逍遥,时光迅速,他日一无所成,再想回头,找寻所依,已经失去依怙,所谓"袈裟下失却人身",真是悲哀!

综合以上四点,佛光人既然发心学道,应该学正派,完成誓愿,平时融和大众,清净自守,耐烦学道,不可随便见异思迁,更不可做佛光人的逃兵,否则韶光蹉跎,蓦然回首,已后悔不及。

佛光人第十六讲

佛光人在世间,和世间上的人一样,要读书、要生活、要工作、要修行;平时讲究做人处事,同时也讲究修行办道。佛光人要以出世的思想,做入世的事业,佛光人不能遗世独立,离开生活之外,别无佛道可求。有关佛光人如何立身处世,如何生活修行,兹列举四点意见,供佛光人参考。

一、佛光人在生活上要随遇而安

出家人本来就是"一钵千家饭,孤僧万里游",到处都能"随遇而安"。我们佛光人,在常住出家剃度,有时在学院修学,有时在禅堂打坐,有时在净业林念佛,有时在别分院轮职。今年此间,明年彼处,时而典座行堂,时而法务社教,所谓丛林四十八单职事,再加上现在数百道场,要能有云水精神,接受常住的调遣,不管哪里,只要随遇而安,什么地方都好。

在本山居住的佛光人,有时沉潜修学,有时在都市弘法。有时陆沉经海,编藏为法;有时讲学宣教,弘法利生,这一切都必须有随遇而安的性格,才能安住身心。想到过去古人在蜗牛角上还能大转法轮,文偃禅师在牛粪堆里还可以乘凉,我们佛光人今日在全世界,数百禅林,只要遵守制度,努力学习,具备道场需要的功能、条件,何处不可安身?

佛光人切忌粗心妄动,稍一情绪不稳,一失足真是成为千古恨。青年学子最忌"此山望见彼山高,到了彼山没柴烧";也忌"见异思迁,没有定性"。千年古木,不能矗立一地;日月星辰,不能依序运转,其结果可以想象。

二、佛光人在修行上要随心增上

俗语云:"学如逆水行舟,不进则退。"修行又何尝不是像车船一样,不进则退。我们既已学道,就要对修行日有所进,日有所长。省庵大师在《劝发菩提心文》中勉励我们,每日要检点自己的功过多少?例如,我的惭愧心增加了没有?我的忍耐力增加了没有?

我的反省心增加了没有？我的慈悲增加了没有？凡此每日二六时中，五堂功课，修行上的道念，都应该随心增上。

三学有增上吗？十二部经都有研读吗？父母亲人有为其荣耀增光吗？信徒大众有为其慈悲指导吗？每日举心动念，所有行为，都能对得起常住三宝，对得起自己的良知信念吗？

过去的禅净学人，在修行上要不断地考功；"是日已过，命亦随减"，我们在日常生活中的行住坐卧，禅净密行，能不随心增上吗？

六祖慧能大师虽然在猎人群中，不忘所悟；神会大师虽然离开师门，不忘为六祖大师定位。历代高僧大德中，如大慧宗杲、大觉怀琏、憨山德清、云栖袾宏等人，虽然被迫还俗，但心中还是念念不忘要重回佛门。

在寺院道场的斋堂里，会看到写着几句话，如："五观若明金易化，三心未了水难消。""吃现成饭，当思来处不易；说事后话，应防当局者迷。"这些都是在警惕我们的身心行为。

三、佛光人在社会上要随缘不变

佛光人也是社会的一分子，为社会尽心尽力，要义不容辞。历代禅师大德们，诸如1939年太虚大师环绕地球宣扬国威；乐观法师组织僧侣救护队，救护战场中的伤员，都是值得效法的典范。

近年来，佛光山曾经发动会员到高雄寿山公园植树救水源，国际佛光会经常在各都会、地区举行扫街运动。1999年，台湾"9·21"大地震，佛光山僧信大众在乱瓦堆中救生恤死，为灾民准备餐点。乃至每次的风灾、水灾，佛光人也都率先到现场，为社会尽力服务。还有，新航飞机失事，2001年美国"9·11"世贸大楼遭受恐怖分子攻击,佛光人也都跨海到新加坡及美国,为他们超生度死。

此外,佛光山文教基金会为百万儿童举行生活考试、图画考试,在海内外成立100多个童军团,包括女童军、幼童军,投入社会,提供服务;人间佛教读书会在海内外成立2000多个读书会,带动读书风气,这也是社会服务的一个项目。

自古以来,禅师们都非常重视生活的劳动和服务,如石霜筛米、云岩做鞋、临济栽松、仰山牧牛、云门担米、玄沙砍柴、赵州扫地、雪峰斫槽等,这不但是一种对社会的服务,更是高僧们所显现"随缘不变"的生活态度。

四、佛光人在处事上要随喜结缘

在世间上,难事千千万,例如读书难,但是只要有老师教导,慢慢地循序渐进,读书也不难;吃饭难,人人都有自家的长辈,总会为我们准备好三餐,所以吃饭也不难,人生最难的是做人处事。

做人难,人难做,难做人;处事难,难处事,事难处。人如果没有经过相当的时间、岁月,汲取经验,不容易学会做人处事。有些佛光人出家学佛,自尊心比人强,自大心比人高,总好像自己代表了真理,在做人处事上就更难了。如语言上不够慈悲,态度上不够亲切,甚至一个动作、一个手势、一个眼神,都容易得罪他人,连失去身份,自己都不知道。尤其说话不知轻重,谈吐没有常识,待人不知施予爱语,做事不多一分勤劳,落人口实,招人批评。如果服气,改过自新还好,但多数人不服气,心生怨怼,更加招人不喜,因而恶因恶缘循环,很难获得修行的法喜。

所以,佛光人初学不可以选择工作,也不要选择地方,更不宜要求人事,应该自己先做杂务,服各种苦劳,接各种苦事。其他各单位之人事等,也都要主动去亲近,自发去学习。能这样随喜结缘,必定受大家肯定,未来必定到处受人欢迎。

佛光人第十七讲

佛陀如果没有六年的苦行,哪有菩提树下、金刚座上顿悟的一刻?十大弟子如果没有经历各自的苦难,何来道业的成就?南阳慧忠国师,居山40年;东林慧远大师,30年不出庐山。禅门诸祖所受的屈辱难堪,都成为他们弘道的资粮,成就了庄严的圣格。

佛光人除了效法古德先贤的刻苦自励,我再以松、梅、兰、菊的特质,提出四点勉励大家。

一、佛光人要像千年老松——禁得起岁月寒暑的迁流

松树是世间上较为长寿的植物,因为它禁得起岁月寒暑的迁流,所以长得又粗又高,因此常有人用它来比喻老人的寿命,为人祝寿时也常说:"福如东海长流水,寿比南山不老松"。我们能像山中的老松,挺立在山林水边,年年月月,风霜寒暑,终不枯萎,一直展现它的生命,向有情世界骄傲地宣示它的韧性吗?佛光人应该有像千年老松的生命力,不怕路远,不怕年久;如禅师们,寒冷的时候到寒冷的地方去,炎热的时候到炎热的地方去,能够承受得起寒暑岁月的迁流。果能如此,我们的道业、学业、事业,还怕不能有所成就吗?我们不能安住于岗位,不能经过人情世故的洗礼,没有时间历史,如何能养深积厚呢?

读书的人要经过十年寒窗苦读,练武的人要历经数十载的锻炼筋骨。如果能在禅堂里一支香、一支香坐下去,10年、20年不动;在藏经楼上,阅藏读书,8年、10年的精进用功,甚至陀头行单里,有你30年的道行,何患大器不能晚成?

速食的力度不能持久,速成的物品不能耐长。日本有一位僧侣,总是嫌中国的僧侣学术不够深厚,当他在天童寺见到一位老人,问他多少岁?答曰:"80岁"。又问:"所任何职?"答:"典座饭头"。再问:"做了几年?"他说:"60年了。"听了这一句话,日本僧侣不得不合起掌来,深深敬礼。

60年的安心,一甲子的饭菜结缘,不成道者,几兮?所以,才可以和千年老松相比,才能不计岁月的迁流。人生就如马拉松的跑步,要靠生命的耐力,走得愈久、愈长,才能有成绩。

二、佛光人要像严冬腊梅——受得了冰天雪地的考验

古诗云:"不经一番寒彻骨,焉得梅花扑鼻香?"梅花经过严冬的冰霜雨雪,愈冷愈开花。这是说,人要能禁得起考验,不要因为环境的压力而动念改变自己的心志。一个青年学子,在丛林参学,无情地打骂、无理地委屈,要能禁得起、熬得过,才能被老师诩为僧才。像禅宗二祖慧可的立雪断臂;像浮山法远,一盆水浇不熄他求法的进取之心。再如六祖惠能的"侮辱不以为耻,迫害不以为意,卑屈不以为贱,艰难不以为苦";密勒日巴愈历苦难,愈受挫折,愈快成道。乃至诸佛菩萨,修行要历经三大阿僧祇劫,都不以为远;修行成佛要历经千生万死,更不以为苦。这些都是我们佛光人学习的典范,应该时时以此自我激励。

世间美丽的花儿虽多，大都禁不起寒冷；能干的人才虽有，大都禁不起挫折。我们自出生以来，受到父母的呵护，在爱的培养下成长，但是要想成材，就必须面对严格的训练，如果我们禁不起千锤百炼、大死一番，如何能脱胎换骨，如何能成就一生功业呢？

一朵梅花，芬芳远扬，也是要经过冰雪寒霜的考验；花的种类虽多，但如梅花独傲枝头，就不容易寻找了。佛光人应该有这种志气，当发如是愿，才不愧立足于天地之间。

人生在世，挫折委屈，侮辱伤害，可以说无处没有，就像雨雪霜寒，终有季节的考验，如果顶不住外境打击，就会自己倒下来，过不了冬，撑不过严寒。假如能遭受挫折不以为苦、受到侮辱不以为意，把苦难当成营养，把伤害视如甘露灌顶，在丛林里安住，与众和谐相处，反能如梅花吐露芬芳。丛林里的四十八单职事，行行都能，就像十八般的武艺，样样精通，将来久经沙场，成为一个有苦不觉得苦，有难不觉得难，做一个不受情绪左右的佛光人，如此，则何患不能成就一番功业呢？

三、佛光人要像空谷幽兰——耐得住清冷寂寞的凄凉

往昔的僧侣，割爱辞亲，出家学道，或者深山丛林居住，或者山林水边苦行，或是独自茅屋清修，或是身单影只云游参访，既无群众，又无供养，没有人情的温暖，没有食住的方便，像空谷幽兰，只寂寞地在山壁上成长，直到空谷飘香方为人所知，那是要经过多少凄凉岁月的熬炼呀！

一个人一时不得志，不必气馁；人生需要培养许多因缘，才能大器晚成。阳光、空气、水分，如果少了一些因缘，即使你是很好的种

子,也不能发出兰花的清香;所谓"千锤百炼",要待机缘成熟,百花灿烂,才有芬芳。就像雪窦禅师"陆沉禅堂"、道安大师"力役田舍";又如唐朝的慧熙法师"衲衣一时",等待因缘;承远法师"人疑仆从",他也不计较,这些大德的行谊,正如兰花,慢慢地散发他们的芬芳。

人,最怕的是高不成低不就,尤其满壶全不响,半壶响叮当;当一时的时机因缘不具备,不必强行推销自己,更不必急于出头,正如黄金钻石,不要急于求售。做人如果能像玫瑰蔷薇种于市街道旁,当然很好,只是价值有限,不若幽谷兰香,更为高贵。

姜太公80岁才遇文王,神鼎洪諲禅师隐居南岳20年才被推举出来当住持。青年人不要太过炫耀一时的才华,是真的珠宝钻石,不怕没有人识货。

"蛋未孵熟,不要妄自一啄;饭未煮熟,不要妄自一开。"做人要耐得住,要等得及,就像腌菜,时间愈久,愈是甘美;又像酱瓜,封口愈是紧密,愈是清脆。黄龙禅师说:"道如山,愈飞而愈高;道如地,愈行而愈远。"在学道的路上,我们要能像古德,不急于出头,要像空谷幽兰,发出自然的芬芳,但也不必孤芳自赏。一盆兰花置于庭院,虽不艳丽,但是百花必然尊敬他的品格;沩山禅师愿做一头老牸牛,为众生服务。假如我们愿做一盆幽兰,散发芬芳,供养十方,不也是同等的贡献吗?

佛门的隐居、闭关、禁足、自修,都是让时间来酝酿;能够等待因缘成熟,龙天推出,适时弘法利生,自能如空谷幽兰,散发真理的芬芳。

四、佛光人要像秋天黄菊——熬得过寒霜雨露的摧残

"荷尽犹有擎雨盖,菊残犹有傲霜枝",所以周敦颐爱荷,陶渊

明爱菊。佛光人受人尊重,不在于你的成就多么辉煌、伟大,而是佛光人有"忠臣不事二主,烈女不嫁二夫"的节操;正如菊花,即使荣华过去,花叶残败,它的枝干仍顶立不屈,向风霜雨雪展现傲然不拔的个性。今日社会中的某些人,像墙头草,东吹西倒;像蔓藤到处依附,到处攀爬,不计是非利害。佛光人要像秋天盛开的黄菊,展现它的雍容华贵,固然是其本性;即使岁月和气候的变化,摧残黄菊,叶落枝枯,它仍然在风中顶天立地。

古人说:"大丈夫达则兼善天下,不达则独善其身。"唐朝韬光禅师"不赴俗筵",宋朝无德禅师"八请不赴",元朝世愚法师"废寺隐居",明朝无闻聪禅师"久处深山"。就算是佛陀,他也是"有缘佛出世,无缘佛入灭;来为众生来,去为众生去。"因此我们佛光人不必羡慕荣华富贵,不要见异思迁,要像黄菊保护自己的晚节,才不负一生之勤勤恳恳,佛光人的贡献,也才能全始全终。

佛光人第十八讲

佛光人有许多是青少年即入道,很早就离开父母、家庭的教育,也离开师长、学校的教育;可是教育是终生的,所以必须紧紧地记住:佛光人的教育是终身的自我教育。

所谓"自我教育",是不要要求别人,而是要求自己;要向自己学习,不一定向外攀缘。兹以四点意见,提供给佛光人参考。

一、佛光人要自我观照,反求诸己

每个人都有眼睛,却都是用来看别人;看得到别人,看不到自己,所以凡事只知要求别人,不知要求自己。

因此,佛光人要学习"自我教育",就是要自我充实,不要只想依赖别人,平时常自问、自觉、自发、自悟,一定要靠自我的观照,才能找到自己。

"静坐常思己过,闲谈莫论人非",这是佛光人首先要有的修养。例如"自我认错",凡事觉得别人都对,错的是自己;"自我改革",对于革除自己的陋习,要毫不留情;"自我更新",要懂得与人为善、从善如流。如儒家所说:"君子十目所视,十手所指",这就是最好的自我教育。

佛教讲"勤修戒定慧,息灭贪瞋痴",不是要求别人不可以贪瞋痴,而是要自己不贪、不瞋、不痴;佛教讲布施、持戒、忍辱,不是叫别人布施、持戒、忍辱,而是自己要布施、持戒、忍辱。所有佛法都是先有"自受用",有了自受用才能以身教、言教去利于他人,发挥弘化利生的"他受用"。

我们佛光人要想出人头地,不可以流于只认识别人,而不认识自己。看到别人有,不必嫉妒,也不必自怨自艾,这必然是自我有不足的地方,应该反观自己,我缺少了什么?别人受人拥戴,到处做大佛事,也不必怪人情不周,觉得光明没有照耀到你。必须自我观照,自我反省,问问自己的条件,是否差了什么?即使自己的能力、学问,超过对方,也要反省自己的福德因缘,能和人一比吗?所以,人比人,气死人;只有像观自在菩萨,能够反观自己,了然自己,才能获得自在。

人的缺点,大都是苛求别人,宽待自己;对自己的错误都能谅解,也不去改善自己的缺陷,增加自我的能力,所以不容易进步。

假如反求诸己,自问自己的学问进步了没有?自己的能力增加了没有?自己的发心扩大了没有?自己的道德升华了没有?凡事反求诸己,自然能得到别人的肯定。

我们生存在大众团体中,不患无位,患所以立。自己的条件不够,纵使借助于他人的提拔,总是高处不胜寒,还是不能安于其位。反求诸己,就是要求自我的建设,自我的增加,自我的成就,所谓"实至名归",才能应付各种境界,而安住身心。

丛林里有谓"满壶全不响,半壶响叮当",自我的火候不够,光在人我的境界上比较、计较,只有苦了自己,于事无补。曾子说:"吾日三省吾身";佛陀说:"时时观照自心"。从古到今,没有一个成功立业的人,只要求别人而不自我观照,反求诸己。我们佛光人大都生活在团体里,如果每天都是吹毛求疵,苛求别人,不肯反求诸己,自己的道业如何能成就呢?所以佛光人要想出人头地,要在大众中受人肯定,必须时时检点自己,把自己做好,把今天做好,把事情做好;只有自我健全,才不会为人所诟病。

二、佛光人要自我实践,不假外求

世间法都是向外追求,求名求利、求升官、求权势;但外境是无常的,纵然达到所求,也只是过眼云烟,很快就会过去。即使是幼年登基做皇帝的康熙、乾隆,也不过数十年的光阴,江山易人,一切都不是自己的。世间的人追求财富,有了财富,亲情朋友反而疏离;有了权位,知心之交又有几人?追求爱情,烦恼也同时增加。

佛教不是否定世间,不是不重视人间的拥有;佛教告诉我们:世间凡所有相,皆是虚妄,我们不要被世间的假相所蒙蔽。尤其我们学道,是为了追寻自我的真如自性,找寻自我真实的生命,如果只在心外求法,不能看透如梦幻泡影的世间,没有实践佛法的要道,到了大限来时,就只有空自叹息了。

所谓"自我实践",在禅修的生活里,我纯熟了没有?慈悲的美德,我具备了多少?智慧的灵巧,我体会了吗?自在解脱的生活,我拥有了没有?五欲六尘的贪念,我都能放下吗?贪瞋愚痴的邪见,我都能根绝吗?懒惰懈怠的过失,我都能改进吗?烦恼妄想的乌云,我都能拨开吗?

在修道的过程中,如果没有自我的实践,只是要求别人;别人拥有了,但别人的不是我的。在修行的过程中,我们看到外境缤纷的假相,虽然绚丽耀眼,但那都不是我们的。所以佛法讲究的是自我开悟、自我实践。

有一分的修行,就有一分的功力;有十分的修行,就有十分的功力。凡事不必怪别人不好,只要自己对佛法有了真实的体验、真实的实践,如此,在自我的世界里,柳绿花红不是一时的,风光明媚的春天会永远在自己的心里。

三、佛光人要自我更新,不断净化

如果不是上等的根机,要进入顿超法门,当生成就,自是不易;但只要不断地净化,不断地自我更新,"人一能之,我以十之",也不必自惭道行不能成就。周利盘陀伽"拂尘扫垢",也能有所成就;神秀大师的"时时勤拂拭",也是一代宗师。

"佛法无量义,一以净为本",净土、净地、净人、净事、净财、净慧、净德、净居,尽管自己无才无力、无名无位,但我们千万不能少了净化的修行,因为不断地净化,才会有不断地自我更新。

乔迁新居时,多么令人高兴,可是我们自己内心的新居在哪里呢?必须靠自己的辛勤耕耘。衣服不洗干净,穿在身上不舒服;我们的身心里多少的污秽、自私、嫉妒、执着、怪僻、无明、邪知,这许多垃圾、不净的东西盘踞,又怎么能与佛道相应呢?

商汤《盘铭》:"苟日新,日日新、又日新",儒家学者尚且不断地更新。梁启超说:"今日之我不惜与昨日之我宣战",也是在不断地自我更新。佛门晚课常念"是日已过,命亦随减",这不只是慨叹生命时光的消失,也有要求我们积极更新未来的前途之意。

古人修行时,都订有功过格,在不断修行、不断净化的修行中,检讨自己每日的语言、思想,是功是过?发现自我有否更新、有否净化?陶渊明在《归去来兮辞》中有句名言"觉今是而昨非";慈航法师遗嘱说:"奉劝一切徒众,时时反省为要;每日动念行为,检点功过多少。"希望我们佛光人在日常生活中,也能不断地自我更新,不断地自我净化。

四、佛光人要自我离相,不计胜负

世间之相,有胜负之相,有你我之相,有善恶之相,有大小之相。相,让我们计较;相,让我们迷惑;相,让我们执着。我们修行入道,若要超越凡情,最重要的,就是"自我离相"。能自我离相,则尽管世间有多少的执着、多少的是非,都自然能远离。只要我们穿透假相,还归原来的面目,则世间所有的胜负、差别、争执,也就自然会消弭。好像木柴,长短、大小,一把火都同归于尽,哪里还有长短、大小呢?又如一杯水、一盆水,投之于大海,融合在一起,那里还有什么大盆、小杯之相呢？

所谓"水乳交融"，什么是水相？什么是乳相？我们佛光人必须讲究同体共生、讲究集体创造，等于一个泥团，你中有我，我中有你；等于一碗菜，煮熟了以后，我中有你，你中有我。一栋房子，那里有沙石、砖块、木头之相，只是房子，众缘所成，此中无你无他，只是一合相。《金刚经》说："一合相，即非一合相，是名一合相。"此中意义，实堪我们修行之人好好玩味。

佛光会员的宗旨

秉承佛陀教法,虔诚恭敬三宝;弘法利生,觉世牖民。
倡导生活佛教,建设佛光净土;落实人间,慈悲济世。
恪遵佛法遗制,融和五乘佛法;修持三学,圆满人格。
发挥国际性格,从事文化教育;扩大心胸,重视群我。

一个组织的宗旨最为重要,因为它代表该组织设立的主要目的,也是每一位成员所应努力完成的使命,所以各位既然参加佛光会,首先应该了解本会的宗旨。

国际佛光会的宗旨可以归纳为下列四点:

一、秉承佛陀教法,虔诚恭敬三宝;弘法利生,觉世牖民

佛、法、僧三宝是我们信仰的中心,也是超越世间的圣财。三宝的利益无穷无尽,佛如光,能圆熟众生,是人间的救主;法如水,能滋润众生,是人生的真理;僧如田,能植福种德,是住持正法的善知识。三宝能长养我们的法身,是我们慧命的家园,唯有仰仗三宝的加被,乘此宝筏,勇渡苦海,才能找到安身立命之处。因此佛光会员最基本的修持,就是要恭敬三宝,具足正知正见。

佛光会员为共成佛道而聚集在一起,所以我们要努力弘扬佛法,利于众生,因为唯有让世人了解佛教的教义,才能彻底解决人间忧苦,造福社会人伦;唯有悲智双运,热忱助人,才能自他兼济,得到究竟安乐。

二、倡导生活佛教,建设佛光净土;落实人间,慈悲济世

佛陀出生在人间,修道在人间,证悟在人间,弘法在人间,乃至佛陀所宣说的教义也都是以人为本的人间佛教,所以我们追随佛陀示教利喜的本怀,应该将佛法落实人间。

佛经云:"佛法在众生中求。"六祖惠能大师也说:"佛法在世间,不离世间觉,离世求菩提,犹如觅兔角。"佛法和生活不能分离,一旦离开生活,佛法也就失去了意义!然而不知曾几何时,佛法被人矫枉过正,以致悖离日常生活,不但不能使人得到佛法的好处,反而令人望而生畏。例如夫妻被视为冤家,儿女被说成讨债鬼,金钱被喻为毒蛇,名利被讲成粪土,将一切的功德回向往生他方净土,将一切的希望寄托于来世。其实菩提眷属正可以在佛道上互相扶持,净财越多越能做更多的佛教事业,正当的名利可以激发人们见贤思齐的上进心,现世的安乐应该重于死后的利益。

尤其在今日,越黑暗的世界越需要佛法的光明,越动荡的时代越需要佛法的安定,越纷乱的国土越需要佛法的清净,越悲苦的生活越需要佛法的喜悦。凡我佛光人应秉持佛陀的慈心悲愿,首先在个人的生活上,以佛法为指南,进一步推展至家庭成员,建设佛光人家,继而分享邻里,建设佛光社区,冀望有一天,我们能将娑婆秽域转为佛光净土。

三、恪遵佛法遗制，融和五乘佛法；修持三学，圆满人格

佛经云："三世诸佛只在人道成佛，不在余道成佛。"所以，太虚大师说："人成即佛成，是名真现实。"人格的圆满就是佛道的完成。

佛教依照每个人不同的根器，将修行方法分为五种层次，称为"五乘佛法"，即修习三皈五戒的人乘，修习十善业道的天乘，修习四圣谛法门的声闻乘，修习十二缘起的缘觉乘与修习六度万行的菩萨乘。

人、天二乘的佛法侧重入世的修持，布施、持戒、禅定是完成人天的三种福行；声闻、缘觉的佛教则偏重出世的修持，以智慧入门，以忍进为方，渐次修证。我们应该允执厥中，融和人天乘的入世精神与声缘乘的出世修养，趣入自利利他的菩萨乘，直趋无上的佛果境界。《法华经云》："我说一乘法，无二亦无三。"指的就是这个广利众生的菩萨道。

六度万行的德目虽然很多，但总括而言，不出戒、定、慧三无漏学的范畴。换言之，三无漏学与人类追求梵行、忍耐勇猛、累积智慧的特性相通，勤加修习，可对治我人贪、瞋、痴三毒，无论对道德的提升、心灵的净化、事业的成就、友谊的开拓都具有无比的助益，所以，《大方等大集经》云："所谓戒定慧，无上陀罗尼，能令三业净，一切人所爱。"凡我佛光会员欲成就无上菩提，欲广度无量众生，当融和五乘佛法，以三学六度为修行的圭臬。

四、发挥国际性格，从事文化教育；扩大心胸，重视群我

国际佛光会认为天下本是一家，所有众生都是一体，所以，凡我佛光会员应发挥国际的性格，不分职业，不分种族，不分国籍，不分老少，在世界每一个地方，努力弘扬佛法，广度众生。

《金刚经》云："所有一切众生之类，若卵生、若胎生、若湿生、若化生……我皆令入无余涅槃而灭度之，如是灭度无量无数无边众生，实无众生得灭度者。"济度众生并不只是物质上的给予，最重要的，是要引导他进入佛法的堂奥，直至到达涅槃彼岸为止；凡此非从文化、教育着手，不足以厥竟其功。因为唯有文化才能无远弗届，深入各地；唯有教育才能从根本上净化心灵。所以佛经云：四句偈功德比布施三千大千世界七宝的功德还要来得更大、更多。如此更足以证明慈善布施固然可以救人于燃眉之急，以文教度众更是功德巍巍，影响深远。

因此自国际佛光会成立以来，我们除了举行各种赈灾活动之外，更经常举办国际青少年营、国际参访团、国际互助会、国际学术会议、世界佛学会考、国际文化交流，并且将《禅藏》送往世界各地，在海内外设立奖助学金……总之，我们注重群我，互通有无；我们扩大心胸，包容异己；我们发展文化教育，普利天下有情；我们以地球人自居，切勿限于一方一宇。

佛光会员四句偈的意义

慈悲喜舍遍法界,
惜福结缘利人天,
禅净戒行平等忍,
惭愧感恩大愿心。

《大乘本生心地观经》云:"劝诸众生,同发此心,以真实法一四句偈施一众生,使向无上正等菩提,是名真实波罗蜜。"四句偈因为朗朗上口,好记易懂,所以佛教里,不但佛陀在经典上留下许多四句偈作为我们修身的指南,历代祖师大德也作了许多四句偈,让佛子在生活上奉行,像七佛通戒偈、四第一偈、饭前偈、回向偈等都是我们耳熟能详的四句偈。然而随着社会的进步,大家需要一个融古汇今,与时俱进的四句偈,以便在日常生活中奉行无碍,尤其佛光会员肩负重大的使命,更需要有一个行诸各地皆能应用自如的修持准则,因此拟定了"佛光会员四句偈",以下逐一解说其意义。

一、慈悲喜舍遍法界

佛教的百千法门之中,发心最为重要,发心吃饭,饭会吃得特别香甜;发心睡觉,醒来时会觉得全身特别舒畅;发心扫地,会将地扫得很干净；发心写字，字也会写得很欢喜。在佛门的修持里，更有所谓的"四无量心"，就是要我们发无量的慈心、无量的悲心、无量的喜心和无量的舍心。

慈能与乐，悲能拔苦，慈悲是每一个修行人对世间众生应有的态度。古代高僧大德们，像智岩的躬处疠坊、智舜的割耳救鸡、高庵的看病如己、僧群的护鸭绝饮……等等，他们悲悯苍生疾苦，泽及异类旁生，不但为时人所崇仰尊敬，也为后人立下了慈悲的最佳典范。俗谓"家家弥陀佛，户户观世音"，阿弥陀佛慈悲接引众生，往生极乐；观世音菩萨倒驾慈航，寻声救苦，所以中国民间都把家里最好的位置让给它们，并且不时上香供养，礼拜称名。

至于喜舍，更是佛子们最基本的道德修养，因为世间上没有比欢喜更重要的事情了！所以，释迦牟尼佛以种种偈颂譬喻，示教利喜，使大家踊跃欢喜，依教奉行；维摩诘大士善巧说法，让天女满载法喜而归，不再耽溺世俗之乐；佛寺将笑口常开的弥勒菩萨供奉在山门口，好让信徒香客见之心喜；僧团设立悦众一职，妥善统理庶务，以使大众欢喜。古圣先贤甚且如此，我们薄地凡夫更应仿效追随，口出善言，身行恭敬，随手服务，随心祝福。

度生有我，度生的慈悲心就发不起来；喜舍着相，喜舍的功德就大不起来。佛光会员应该学习无条件地给人安乐，无条件地为人济苦，无条件地给人欢喜，无条件地为人奉献，能如此将自己的发心扩大到尽虚空遍法界，做人处事必定圆满成功。

二、惜福结缘利人天

由于业缘所感，我们每一个人一生能享有的福报有一定数，如果恣意滥用,折福损德,将会加速告罄,这就好比我们在银行的存款,每个人或多或少都不一样,如果挥金如土,入不敷出,账目上就会出现赤字,唯有懂得爱惜钱财,方能不虞匮乏。

所谓"积福莫如惜福好",爱惜福报,才会更有福报。近几年来,由于物质极端发达,养成人类滥买滥用的习惯,终于天灾人祸频起,满目疮痍的地球开始大力反扑了。此时正是大家自我觉醒的时刻,举凡一张纸、一支笔、一滴清水、一片菜叶……我们都必须好好珍惜,不要再轻易浪费有限的福报了!

除了惜福,我们更应该积极结缘。广结善缘是世间最美好的一件事,因为善缘如水,能稀释恶因,减少罪业;善缘如油,能润滑善因,助成好事。社会上有些人左右逢源,有些人却惹人讨厌;有些人孤独寂寞,有些人却受人欢迎,这都要看我们平常是否与人广结善缘。

广结善缘的方法很多,财物上的周转济助、语言上的鼓励安慰、技术上的教导帮忙、知识上的传授布施,乃至一个点头、一抹微笑、一句问好、一瓣心香等等都能为我们广结善缘。

总之,宇宙万法互有关联,佛光会员若能珍惜福报,广结善缘,必能得助多利,成就美事,普利众生,圆满菩提。

三、禅净戒行平等忍

现代人的修行,不是参禅,就是念佛,当然也有不少人是禅净双修。其实禅净二门,殊途同归,永明延寿禅师在《禅净四料简》中说得好:"有禅有净土,犹如戴角虎,现世为人师,来世作佛祖。"佛光会员如果能在日用中禅净双修,定慧等持,必定能促进生活美满,人际和谐。

佛经云:"戒为无上菩提本。"无论参禅习定或念佛修净,百千法门都应该以持戒为根本的修行。汽车依照交通规则,火车循着轨道而走,就能保障人车安全,同样地,我们遵守戒律就能维护身心清净,不违过失。监狱里面的刑犯,哪一个不是犯了五戒——杀、盗、邪淫、妄语、饮酒,而身陷囹圄,如果大家都能遵守五戒,做到不侵犯他人的生命、不侵犯他人的财物、不侵犯他人的名节、不侵犯他人的名誉、不吸食毒品烟酒而侵犯自、他身体,我们的人生必定幸福美满,我们的社会必定安和乐利。此外,佛教的戒律如八关斋戒,旨在让在家信众体会淡泊的修道生活;菩萨戒以持律、修善、度众为内容,从更积极的方面来发挥戒律的自由精神。总之,如果大家都能持守净戒,当下就是诸上善人聚会一处,何须远求佛国净土? 平等是佛教最殊胜的教义之一。这个世界之所以纷扰不安,不外是因为男女不平等、种族不平等、智愚不平等、老少不平等、贫富不平等、权势不平等……佛陀曾说:"大地众生皆有如来智慧德相。"外在的世界或许有诸多不平等的地方,但是我们内在的佛性却是在圣不增,在凡不减,如果人人都能从根本上认识众生平等的真谛,以平等心来接引十方,则世界和平将指日可待。

《佛遗教经》云:"能行忍者,乃可名为有力大人。若其不能欢喜忍受毁谤、讥讽、恶骂之毒,如饮甘露者,不名入道智慧人也。"忍耐不但是世间最大的力量,也是一种无上的智慧。佛教将忍分为三种层次:第一是生忍,也就是对生存条件的认识,进而具备处理的力量;第二是法忍,就是对宇宙诸法的了解,从而当下承担,转化心境的作用;第三是无生法忍,就是如实知见一切事物不生不灭,进而自由自在游诸国土度脱众生的世界观。

四、惭愧感恩大愿心

人间最好的美德就是惭愧、感恩及愿心。

所谓惭愧，惭者惭己，愧者愧他，惭者经常觉得自己学问不够、发心不够、慈悲不够、能力不够；愧者，时时感到对不起父母，对不起朋友，对不起国家，对不起社会。人有惭愧，才懂得奋发图强；人有惭愧，才懂得力争上游，所以《佛遗教经》云："惭耻之服，无上庄严。"懂得感恩图报的人是天下最富有的人。经云："菩萨发心度众，常念国家恩、父母恩、师长恩、众生恩。"因为没有国家覆护，我们如何生存？没有父母养育，我们哪有今天？没有师长教诲，我们的慧命安在？没有士、农、工、商，我们哪有衣、食、住、行？举凡一切众生，哪一个不在助长我们的生存？古德说："滴水之恩，当涌泉相报。"乌鸦尚知反哺，羔羊也懂跪乳，如人佛子，怎能不知感恩图报？

省庵大师在《劝发菩提心文》中说："入道要门，发心为首；修行急务，立愿为先。愿立，则众生可度，心发，则佛道堪成。"世间所有的仁人志士，哪一个不是凭借愿心来成就功业？宇宙中一切的诸佛菩萨，哪一个不是依照愿心来圆满菩提？愿心是方向、动力，佛光会员应以广大的愿力来熟土严生。

《金刚经》云，四句偈功德比布施三千大千世界七宝功德还要来得大。希望各位都能从实践佛光会员四句偈中，感受到佛法的可贵。

发扬佛光会员四句偈

佛光会员四句偈是最圆满的修持。
佛光会员四句偈是最究竟的美德。
佛光会员四句偈是最如法的行为。
佛光会员四句偈是最普遍的传教。

  慈悲喜舍遍法界,惜福结缘利人天,

  禅净戒行平等忍,惭愧感恩大愿心。

这是大家都耳熟能详的佛光会员四句偈。佛教是一个解行并重的宗教,各位在了解佛光会员四句偈的意义之后,应当进一步奉行实践,自利利他,所以,我们来谈谈如何发扬佛光会员四句偈?

一、佛光会员四句偈是最圆满的修持

无论南传佛教或北传佛教,无论禅宗或净土宗,无论自利或利他,无论出家或在家,无论易行道或难行道,甚至五乘佛法、八大宗派的法门,全都统摄在这佛光会员四句偈里,各种根性的人都能在佛光会员四句偈里安身立命。尤其最值得一提的是,这四句偈彰显了菩萨道中最根本的四无量心、六度万行,并且将人生最重要的各种修持融于一炉,让大家在日常生活中,随时随地都可以实践体证。换言之,佛光会员四句偈是任何人、任何时间、任何地点、任何事情,都可以应用的修持法门,所以我们说它是最圆满的修持。

二、佛光会员四句偈是最究竟的美德

我们奉行四句偈中的慈悲喜舍,能开阔我们的心胸;我们实践四句偈中的惜福结缘,能成就我们的佛化事业;我们修持四句偈中的禅净戒行,能体证我们的法身慧命;我们胸怀四句偈中的惭愧感恩,能完成我们的大行大愿。只要我们发挥佛光会员四句偈的精神,将欢喜快乐布施给他人,将利益好处与人分享,凡有错误自己承担,一切荣耀回向他人,一定能深受大众的爱戴;只要我们展现佛光会员四句偈的美德,待人有宽容的雅量,处事有平等的真诚,对众生有尊重的言行,对自己有觉醒的修养,必定能导正人心,为社会带来祥和安乐。所以,佛光会员四句偈是最究竟的美德。

三、佛光会员四句偈是最如法的行为

佛光会员四句偈能让我们转化心中的贪、瞋、愚痴,去除傲慢、邪见,从而改变我们的气质,使我们在行住坐卧时威仪有序,稳健大方;在食衣住行上自知节制,合乎中道;在时空人际间调配圆融,运行自在;在家庭事业中兼顾得宜,顺利无碍。这一切如法的行为,必定能使自他受益,转化无穷。所以,佛光会员四句偈是最如法的行为。

四、佛光会员四句偈是最普遍的传教

佛光会员四句偈在日常生活当中,与我们做人处事、治家和

众、工作学习，乃至修行弘法都有密切的关系，所以每次用餐前，称念佛光会员四句偈，不但能够提醒自己加紧学习诸佛菩萨的慈心悲愿，更可以感化他人，加入我们弘法利生的行列。在共修、聚会、祈福、祝祷时唱念佛光会员四句偈，可以筹集一切功德，回向四恩总报，九有均资，祈求一切众生同圆种智，共成佛道。因此，佛光会员四句偈不但是最广大、最深入的修持法门，也是最普遍的传教方式。

总之，佛光会员四句偈是最圆满的修持，也是最究竟的美德；是最如法的行为，也是最普遍的传教。如果我们能够信受奉行佛光会员四句偈，必定可以提升信仰的层次；如果我们努力发扬佛光会员四句偈，必定可以开拓人生的境界。希望各位都能将佛光会员四句偈融入我们的生活，成为我们的血肉。

佛光会员的信条

我们礼敬常住三宝,正法永存佛光普照。
我们信仰人间佛教,生活美满家庭幸福。
我们实践群我修行,随时随地心存恭敬。
我们奉行慈悲喜舍,日日行善端正身心。
我们尊重会员大众,来时欢迎去时相送。
我们具有正知正见,发觉自我般若本性。
我们现证法喜安乐,永断烦恼远离无明。
我们发愿普度众生,人间净土佛国现前。

信,是做人处事的根本。有了坚定的信心,即使有排山倒海之难,我们也能设法克服。清净的信念在佛教中尤为重要,《华严经》云:"信为道元功德母,增长一切诸善法,除灭一切诸疑惑,示现开发无上道。"《梵网经》也说:"一切行以信为首,众德根本。"国际佛光会是一个有理想、有组织的佛教团体,为了凝聚会员的力量,达到崇高的宗旨,我们将佛光会员应有的信念,列为八项条款,于每次开会时大声宣读。现在将其意义阐述如下,希望各位能借着口诵心记,将这些信条贯彻在日常生活当中。

一、我们礼敬常住三宝,正法永存佛光普照

佛、法、僧之所以称为"三宝",乃因其为宇宙世间带来光明,为无量众生添增喜乐,使我们解脱倒悬,得大自在。佛陀在鹿野苑度五比丘时,佛陀是佛宝,四谛、十二因缘、三法印是法宝,五比丘是

僧宝，此三者是"最初三宝"。佛灭后，梵音沉寂，圣僧渐凋，最初三宝已不复见，因此以土塑木雕、金属塑像为佛宝，三藏十二部经为法宝，受具足戒之比丘、比丘尼为僧宝，此即"常住三宝"。但就广义而言，人人皆有佛性是为佛宝，人人都有平等无差别的法性是为法宝，人人都有喜好清净和乐的心性是为僧宝，此名"自性三宝"。如今，去佛时遥，世人有赖常住三宝，才能体证潜藏于内的自性三宝，常住三宝也因而成为佛教在世间的具体形象，所以大家均应诚心礼敬。尤其佛光会员负有弘法利生的崇高理想，对于常住三宝，更应恭敬护持，凡发扬常住三宝之事，大家共襄盛举；凡诋毁常住三宝之举，大家同声唾弃。果能如此，必能使佛光普照，广利众生；法水长流，被及三世，其功德自是不可限量！

二、我们信仰人间佛教，生活美满家庭幸福

佛教有上座部佛教、大众部佛教，有藏传佛教、中国佛教。在许多宗派里，有南传的宗派、北传的宗派；有显教的宗派、密教的宗派。国际佛光会所倡导的佛教则是从佛陀以来一脉相传，具有普遍属性的"人间佛教"。

过去佛陀说法，主要的地点在人间，主要的对象是人类，主要的内容是指导人们如何将修行落实在日常生活上，所以经典中对于个人生活美满、家庭幸福之道论述颇多，后人称为"人间佛教"，旨在彰显佛教的人间性格。至于所谓的"出世佛教"，是佛陀最初顺应当时少部分修持苦行的行者所说；而"山林佛教"则是在中国古代君王体制下产生的特例，并非佛意。一己之不修，一家之不齐，盍能奢言国富民安、世界和平？不论属于何宗何派，我们佛光

会员都是在佛陀的信仰之下，从事弘扬佛法、利济有情的千秋伟业，因此大家对于佛陀的人间佛教应信受奉行，以期建立幸福的佛化家庭，成就辉煌的佛化事业，拥有美满的佛化生活，积集具足的修道资粮，并以此功德散播一切众生，回向无上菩提。

三、我们实践群我修行，随时随地心存恭敬

人，无法离群索居，所以我们必须在错综复杂的人际关系中求取和谐，才能共享安乐。

常听大家感叹"做人难，人难做，难做人"，其实就因为做人难，我们才要更积极地学习如何做人。太虚大师说："人成即佛成，是名真现实。"修道无他，主要就是在"处难处之人，做难做之事"，如果我们能把群我之间的问题解决，还有什么不能做到的事呢？

群我之间所以不能协调，一言以蔽之，就是自己的恭敬不够。古德云："爱人者，人恒爱之；敬人者，人恒敬之。"如果我们能易地而处，本着你大我小、你乐我苦、你有我无、你好我坏的态度，以布施、爱语、利行、同事等方法来摄受对方，一定能左右逢源，皆大欢喜。佛经云："佛法在恭敬中求。"我们处在一个同体共生的世间里，唯有大家心存恭敬，彼此合作，才能共创美好的明天。

四、我们奉行慈悲喜舍，日日行善端正身心

七佛通戒偈云："诸恶莫作，众善奉行，自净其意，是诸佛教。"所以，什么是佛教的修行呢？简而言之，就是端正身心。

《华严经》云："心如工画师，能画诸世间。"我们的心如同画师，心存清净的画师画出诸佛菩萨的境界，内怀恶念的画师画出魑魅

魍魉的景象。佛教里所谓的"四无量心",就是希望我们能以慈悲喜舍的画笔,为世间增添色彩。在《四十二章经》中,佛陀曾说:"弟子去吾数千里,意念吾戒,必得道。在吾左侧,意在邪,终不得道。其实在行,近而不行,何益万分耶?"心好,还要行直。所以古德作"功过格"日日反省,世界各地的童子军也奉行"日行一善"的美德,我们佛光会员都是有志一同的社会精英,怎能妄自菲薄?举凡鼓励安慰,给人信心;点头问好,给人欢喜;协助帮忙,给人希望;举手之劳,给人方便,都是我们随手可做的善事。如果大家能养成习惯,内外一如,必定能为整个社会带来无限的光明。

五、我们尊重会员大众,来时欢迎去时相送

俗话说:"登高必自卑,行远必自迩。"群我修行、心存恭敬、慈悲喜舍、日行一善等等都不是徒喊口号,虚应故事,我们应率先从本会会友身上做起。尤其在目前科技进步、交通发达的时代里,天涯若比邻,整个世界俨如一个地球村,佛光会员经常来往于国际之间,如果大家都能本着尊重会员大众的精神,抱持"四海之内皆兄弟"的胸怀,来时欢迎,去时相送,必定能缩短彼此的距离,增加情谊的交流,提升团结的信念,促进会务的健全。

六、我们具有正知正见,发掘自我般若本性

正知正见是做人处事的根本,也是佛弟子应该具备的条件,因为有正确的知见才会有正确的行为。尤其今日社会中,邪说纷纭,许多人因为不能明辨是非,误信邪师异端而深受其害,在痛心疾首之余,希望佛光会员们都能担负起破邪显正、利益众生的重责

大任。

我们如何培养正知正见呢？佛教是正觉知的真理，深切了解佛法的意义，自然能具备正知正见。像佛教里"善恶业力"的主张，打破过去长久以来宿命的观点与神权的迷信，"因缘果报"的说法则与现代科学不谋而合，实在证明佛法亘古今而不变的特质；"四圣谛"与"三法印"不但洞彻宇宙人生的实相，也是放诸四海而皆准的真理；而"佛性本具"的论点更是独具慧眼，不仅总括一切佛法，也为众生点燃希望的明灯。

《华严经》云："心、佛、众生，等无差别。"禅宗六祖惠能大师将佛性本具的真理阐述得最为贴切："佛，犹觉也；分为四门：开觉知见，示觉知见，悟觉知见，入觉知见……汝今当信：佛知见者，只汝自心，更无别佛。盖为一切众生，自蔽光明，贪爱尘境，外缘内扰，甘受驱驰；便劳他世尊，从三昧起，种种苦口，劝令寝息；莫向外求，与佛无二，故云："开佛知见。"吾亦劝一切人，于自心中常开佛之知见。世人心邪，愚迷造罪，口善心恶，贪瞋嫉妒，谄佞我慢，侵人害物，自开众生知见；若能正心，常生智慧，观照自心，止恶行善，是自开佛之知见。"

佛经云："能善分别诸法相，于第一义谛而不动。"如果大家都能多闻熏习，反观自照，开发正知正见，破除颠倒妄想，使六根不染万境，般若本性现前，就不枉今生为人，得闻佛法了。

七、我们现证法喜安乐，永断烦恼远离无明

断惑证真，常乐我净，并不是来生之事，我们应该当下体证！所谓"过去种种譬如昨日死，现在种种譬如今日生。"学佛最重要的

是把握每一个当下,勤息烦恼,集合小悟,久而久之,自然会有远离无明、大彻大悟的一天。

惑障苦恼,类别甚多,但究其根本,多从心缘五欲六尘,比较、计较而来,所以《大般涅槃经》中说:"一切属他,则名为苦;一切由己,自在安乐。"泯除自他,以法为乐,自然喜乐现前,旷达无碍。在《维摩经》中,维摩大士劝诸天女:"乐常信佛,乐欲听法,乐供养众,乐离五欲,乐观五阴如怨贼,乐观四大如毒蛇,乐观内入如空聚,乐随护道意,乐饶益众生,乐敬养师,乐广行施,乐坚持戒,乐忍辱柔和,乐勤集善根,乐禅定不乱,乐离垢明慧,乐广发菩提心,乐降伏众魔,乐断诸烦恼,乐净佛国土,乐成就相好,故修诸功德。乐庄严道场,乐闻深法不畏,乐三解脱门,不乐非时;乐近同学,乐于非同学中心无恚碍;乐将护恶知识,乐亲近善知识;乐心喜清净,乐修无量道品之法,是为菩萨法乐。"天女闻后,悉皆叹言:"吾有法乐,不复乐五欲之乐!"

可见世间苦乐、迷悟只在一念之间,如果大家能随时注意现前的身口意业,必能去除烦恼无明,显现真如自性,度过法喜安乐的人生。

八、我们发愿普度众生,人间净土佛国现前

净土是人人欣乐的境界,我们如何修行,才能到达净土佛国呢?佛陀曾说:"众生之类,是净土行。"意即:唯有勤度众生,才能证得净土,因为离开众生,就没有净土可言。当菩萨发心化度众生时,就是佛国净土的现前。所以,佛陀又进一步开示:直心、深心、菩提心、六度行、四摄法、方便、三十七道品、回向心、去除八难、自行守戒、不讥彼阙、十善等都是菩萨净土,并且说:"若菩萨欲得净土,当净其心,随其心净,则国土净。"舍利弗闻言,心中纳闷:难道佛陀心有不净,为什么娑婆世界如此恶浊?佛陀知道他的想法,于是以足趾按地,实时三千大千世界珍宝严饰,佛陀告诉舍利弗:"我佛国土常净如是。"原来我们之所以见娑婆为秽土,是因为自己心有高下,而诸佛菩萨因见一切众生悉皆平等,身心清净,所以能见此土清净。

佛经云:"三界唯心,万法唯识。"佛光会员应和光接物,普度众生,当外在众生度尽的同时,内在贪瞋愚痴的众生也将转为菩提眷属,果能如此,则何处不是净土佛国?

佛光会的性格

国际佛光会具足信仰的根性。
国际佛光会具足普及的特性。
国际佛光会具足现代的适性。
国际佛光会具足国际的广性。

人,有不同的性格,天下万物,也有不同的性格。像海洋有容纳百川的性格,大地有承载一切的性格。国际佛光会是一个现代化的世界组织,当然也有其性格。总括而言,佛光会兼具下列四种性格:

一、国际佛光会具足信仰的根性

树,之所以长得茂盛苍郁,是因为有扎实的根;人,所以能活得下去,是因为有生命的根。事业亦然,如果想要昌盛兴隆,就必须巩固根基。所谓"万丈高楼平地起",根基越深越稳,楼房才能建得越高越大。

《华严经》云:"信为道元功德母,长养一切诸善根。"慧命的根,是信仰。壮大信仰的根,我们可以消除烦恼、净化身心;滋养信仰的根,我们可以增长菩提、进德修业。信心门里有无限宝藏,一分信心就有一分收获，十分信心就有十分收获。像五代灵裕禅师不畏周武法难，夜谈佛理；唐朝志超法师无惧朝廷反佛，为人剃度。由于祖师大德凭着坚定的信仰，冒死护佛，使得圣教得以延续至今，众生也因而蒙受法益。所以，深厚的信仰基础不但可以解脱烦恼，安住身心，更能够普利有情，兼善天下。

佛光会与其他一般社会团体不同之处，主要就在于佛光会具有坚定的宗教信仰。因此我们的宗旨强调信心教性，我们的信条注重信仰传承，我们在会前高唱三宝颂，我们在饭前称念佛光会员四句偈。此外，我们举办各类修行活动来培养佛子的信心道念，我们选拔佛光家庭以鼓励佛教的信仰传灯。佛光会成立多年来，不但阵容越来越坚强，法务也越来越兴隆，凡此都是因为佛光会具足信仰的根性。

二、国际佛光会具足普及的特性

佛教是一个具有大众性格的宗教，像观音菩萨以"普门示现"来接引众生；普贤菩萨以"普同供养"摄化有情；净土宗以"三根普被"的念佛法门来度脱行人；禅宗以"普请出坡"的劳作方式来返璞归真……处事能"普"及一切，则皆大欢喜；待人能"普"遍圆融，则能利益均沾。"普"，是一个多么美好的世界啊！

佛光会秉承古圣先贤的包容胸怀，不但接引全球各地的佛子参与其中，更欢迎信仰不同的佛光之友共襄盛举。由于彼此秉持共同的度众理想，发挥高度的济世热忱，同心一德推动佛学研究、扩大社会服务，所以能在短期间内将佛法的菩提种子遍撒世界五大洲，大家不分种族、贫富、贵贱、老少，咸来加入我们弘法利生的行列，让佛教慈悲、般若、禅定、戒行的妙用普及人心，成为社会的中流砥柱，不但受到当地居民的肯定，各国政府也相继颁奖鼓励，此乃佛光会具足普及的特性由以致之。

三、国际佛光会具足现代的适性

现代有适应、进步的意义，佛教自从佛陀创教以来，一直都能保持现代的适性，在各种弘法方式上力求契理契机，与时俱进；例如在佛教经典方面，从口授传法，到抄经、刻经、印经，进而发展到现在的计算机藏经；在佛化事业方面，从早期的僧祇粟、寺库、无尽藏院、病坊，到目前的佛教托儿所、幼儿园、中学、大学，佛教医院、诊所、佛教图书杂志等等，都是配合时代的需要。

有识于佛教现代化的重要性，佛光会自开创以来，即配合时代的脚步，不但倡导人间化、大众化的佛教，将佛法礼仪推广到日常生活当中，将佛教修持落实于群我关系之间，更推动以道德为本，普利社会的现代化佛教，从植树环保、资源回收活动的举办，到七诫运动、清贫思想的推行；从佛教电视、广播节目的录制，到佛教录音带、录像带的出版……凡此种种无非是想将佛教的般若智慧，化为权巧方便以广利有情。此外，我们的弘法活动以声光化电来摄受大众，我们的教化方式以科技文明来增进效果，我们的目的是要让佛教积极进取的精神，永远伴随着时代潮流向前迈进。总之，只要有益于人类大众，各种新的思想、新的方法，佛光会都勇于尝试，乐于参与，因为我们具足现代的适性。

四、国际佛光会具足国际的广性

佛法妙谛除了能竖穷三际、历久弥新之外，更具有横遍十方，周遍涵容的特性。释迦牟尼佛为说法度众,非以一地、一国为限;观世音菩萨为寻声救苦,二六时中游诸国土;善财童子南巡诸国,巡师访道;赵州禅师八十行脚,四处参学。

国际佛光会追随古德风范,主张天下本是一家,众生原是一体。所以我们每年将各地的精英聚集一堂,召开世界会员代表大会、理监事会议;我们经常在全球不同地区,举办各种讲习会议培训各种人才;我们每年遴选檀讲师在国际弘扬法义;我们举行世界祈福法会,祈求人类和平;我们举办各种国际佛教会议,彼此沟通交流;我们推动世界佛学会考,普及学佛风气;我们协办国际僧伽会议,互相切磋研究;我们成立急难救助会,将佛光会员的慈悲带往世界各地的灾区;我们一再呼吁全体会员立足本土,放眼世界,因为佛光会具足国际的广性。性格是成就一切的动能,车子性能好,就能走得远、跑得快;导弹性能强,就能飞得高、射得准。国际佛光会在成立开始,就具足了信仰的根性、普及的特性、现代的适性、国际的广性,往后要迈向崇高的理想,成就长远的法业,还必须会员们同心齐力,以众为我,将佛光会的四种性格淋漓发挥!

佛光会的性质

佛光会是一个主张慈悲包容的社团。
佛光会是一个倡导众生平等的社团。
佛光会是一个尊重家庭生活的社团。
佛光会是一个重视社会福祉的社团。

人生的意义不仅在求得生存的安乐、物质的享有，更重要的是，必须在心灵上有所提升，在精神上得到解脱。大家参加佛光会，将一己之小我融入这个大我的团体里，对于我们的生命有什么帮助呢？各位不妨先从佛光会的性质来作一个深切的了解。

一、佛光会是一个主张慈悲包容的社团

《法华经》云："以大慈悲力，度苦恼众生。"社会上一般人所说的爱心，有人我对待分别，所以有时"爱之欲其生，恨之欲其死"，反而造业起惑，痛苦颠连。慈悲，是视人如己，立场互易，对于与自己亲爱的人固然要慈悲相向，对于不相识的人也要有"无缘大慈，同体大悲"的真心，才能自利利他。欲达此境，必得先培养自己包容的心量。

天地之间，花红柳绿，鸢飞鱼跃，大家各显神通、形态互异。就

因为有这么多的不同,才显得这个世间多彩多姿、相得益彰。同样,每个人也都有许多歧异之处。例如见解思想不同、生活习惯不同、语言文字不同、性别体力不同等等,唯有大家包容异己,才能相辅相成,共存共荣。

佛光会秉持诸佛菩萨慈悲包容的胸襟,不但欢迎敬信三宝,有志一同的个人报名参加,也接受各个寺院、佛学院、居士林、念佛会、禅修会等团体加入团体会员的行列,甚至"佛光之友会",也邀请天主教、基督教等不同的宗教团体,来做我们的会友。凡是社会需要协助的地方,我们不分宗教、派别,尽量服务赞助,给予欢喜。我希望所有的会员都能秉持同中有异,异中求同的风格,将佛光会树立成一个慈悲包容的团体。

二、佛光会是一个倡导众生平等的社团

在佛光会里,所有的会员不分国家、不分种族、不分男女、不分贫富,大家共同为弘扬佛法而携手努力,因为我们视一切会员为同体共生的地球人。

何谓众生?《长阿含经》说:"无尊卑上下,亦无异名,众共生于世,故名众生。"《大乘同性经》谓:"众生系以众缘假合而生,故名众生。"《不增不减经》云:"法身为烦恼所缠,往来生死,故名众生。"《华严经》称:"心、佛、众生,等无差别。"而在其他经典中,我们也常常可以看到佛陀倡导生佛平等、圣凡平等、理事平等、四姓平等的思想,可见十法界一切众生的本质是平等无差别的。但是如今我们不论走到哪里,都会发现有权势的大小、财富的差距、出身的高低,甚至教育的悬殊等种种差别,到处可以看到因不平等而引发

的怨怒争斗,乃至腐败纷乱。所以,我希望会员们能够常怀平等的智慧,以佛陀打破阶级差异的勇气,为社会建立平等的制度,为世界建立平等的秩序。如果大家都能做到人人平等的话,相信这个世间就能像大海一样包容江河溪流,互相融合,同一法味。

三、佛光会是一个尊重家庭生活的社团

家庭不仅是夫妇子女的安乐窝、避风港,对于社会安定更具有积极功能,例如夫妻的和谐相处有助于彼此的成长,父母的良言善举对小孩的心性往往具有决定性的影响。有鉴于此,佛光会除了讲究个人的健全发展,更重视家庭生活的幸福美满,所以经常举行各种活动,邀请夫妻联袂参加,欢迎亲眷共襄盛举。此外更针对一般家庭举办佛光人家选拔、家庭普照、佛光亲子运动会、园游会,借此促进家庭成员间的和谐相处。我们希望家庭成员之间,在日常生活中,常保亲切的态度、和悦的言语;在经济物质上,永怀知足感恩的美德;在精神上彼此相依、互相慈爱;尤其家人应该具有统一的佛教信仰,让大家的心意得到自由地开展,务期佛光眷属都能成为菩提大道上的道侣法友。若能如此,则人有天伦之乐,国有安定之福,世界怎会不和平!

四、佛光会是一个重视社会福祉的社团

《华严经》云:"但愿众生得离苦,不为自己求安乐。"佛陀以一大事因缘示现于世,为的就是希望众生离苦得乐,社会安定和谐,而历代的高僧大德本着佛陀拔苦与乐的精神,或开垦拓荒,或赈济苦难,或疗治贫疾,或助民建设,对于国富民安可说是贡献卓著。

然而不知曾几何时,佛教徒以清修为尚,几个知己聚集一处,以此为足。这里一间小庙诵经念佛,那里一间精舍冥思静坐,缺乏大乘菩萨普济社会的悲心,何其可耻!这些团体即使以油香净财从事公益事业,也因为缺乏组织,没有制度,而成效极微,实在可惜!

尤其今日社会普遍进入工业时期,人类的思想行为、价值观念都受到巨大冲击,大家不断向外追求物质的知识、享受,结果不但物质的知识物化了,心灵的智慧也越形僵化,人我之间的对立固然越加强烈,物我之间的鸿沟也更加深广,在此功利主义挂帅之际,今日的佛教徒真是任重道远!

我觉得:佛教界应该自我觉醒,不应寄望于别人来捐助我们,奉献我们,而要反过来想:我们应该如何贡献社会?应该如何服务大众?所以佛光会创会之初,我便提出落实人间、慈悲济世的宗旨,就是希望佛光会员都能认清自己既然投身佛教,就必须恪尽以众为我、福利社会的责任。此外,我们必须在弘法利生的方法上不断更新,以期能与时俱进,因势利导。

佛光会自成立以来,为了响应环保,举办废纸回收、植树救水源等活动;为了推广健康人生,举行素食品尝会、社会各阶层的联谊活动;为了充分发挥爱心,前往偏远地区慈善义诊、冬令救济;为了挽救社会,我们配合本地政府投入反毒运动,到各地监狱布教弘法;为了普利大众,制作佛教广播和电视弘法节目;为了造就社会未来的栋梁,举办青少年夏令营、儿童夏令营,其他如欢喜读书会、智障学生游艺会、生命之旅、把心找回来、时时乐清贫等活动,都是盛况非凡,成绩斐然。希望今后会员们能继续精进奋发,团结合作，对社会布施更多的普济慈悲，让更多大众享受佛法的欢喜。

　　国际佛光会既是一个主张慈悲包容的社团，也是一个倡导众生平等的社团；既是一个尊重家庭生活的社团，也是一个重视社会福祉的社团。佛光会员应从以上四点来了解佛光会的性质，并且努力实践，发扬光大。

佛光会员的使命

以世界观弘扬佛法。
以人间性落实生活。
以慈悲心普利群生。
以正觉智辨别邪正。

世界上每一个人都有他的使命,军人的使命是保卫社稷,教师的使命是培育英才,农民的使命是增产粮食,科学家的使命是造福人类。

一个富有使命感的人,能化理想为行动,纵使接到一份小小的任务,也能办得轰轰烈烈;反之,一个没有使命感的人终日因循苟且,得过且过,所以虽然交给他一件很大的事业,到头来还是做得无声无息。

佛光会员具有什么样的使命呢?我们应如何完成这些使命呢?下面我分为四点来说明。

一、以世界观弘扬佛法

过去的佛教因碍于语言隔阂、交通不便,所以只能局限于亚洲一带,无法广为流传。实际上,佛教具有普遍包容的特性,不受国家地域的限制，是属于全世界、全人类的宗教。遥想佛陀当初凭着慈悲坚毅的精神，将佛法传遍了印度，今天，遍及世界各地的佛光会不但拥有精通各国语言的人才，更吸收各行各业的精英热忱参与，再加上便利迅速的交通工具、四通八达的网络联机，我们应该抱定共同的决心，为传统佛教开创新纪元，把繁荣的亚洲佛教带向全世界！我们应该发心立愿在全球各地弘扬佛法，将菩提种子遍撒五大洲！

二、以人间性落实生活

《金刚经》云："如来说一切法，皆是佛法。"《维摩经》说："一切诸法皆是解脱相。"可见佛法不离世法，离开世间诸法，想要寻求解脱之道，无异缘木求鱼。所谓："平常一样窗前月，才有梅花便不同。"佛法必须落实在生活上才能显其功用，生活也必须与佛法相应才能幸福美满。因此佛光会从创会以来，就以推行生活佛教、建立人间净土为目标。佛光会员应念兹在兹，全力以赴，将佛法由寺院带到社会，由僧众带到信众，让佛法走入生活，落实人间。

为了使佛法的信息传播更广，我们要掌握电脑知识、勤于写作，甚至发行书刊；为了庄严道场、美化家庭，我们要学习插花、布置，甚至建筑设计；为了便利弘扬佛法，我们要学习驾驶、演说，甚至各种布教方法；为了让更多的人欣赏佛教艺术，我们要学习梵呗、绘画，甚至到"国家殿堂"表演展示。这是一个有声音、有色彩的世界，佛光会员要自许做一个喇叭，让每一个人都知道佛法的好处；做一支彩笔，将世间点染得多彩多姿。我们要用我们的巧手慧思在人海中遍植净莲，用我们的笑颜善语在生活上制造喜乐。

三、以慈悲心普利群生

儒家讲仁爱，但因为有亲疏远近之分，所以爱不能广被；墨家讲兼爱，但因为"蔽于用而不知文"，事理不能兼备，爱的运用会出偏差；法国大革命时，提出"自由、平等、博爱"的口号，但往后多少年，还是无法解决民众的苦难，此理无他，只因为世间上的爱都带有污染性，一旦处理不当，就会变成痛苦的深渊、烦恼的来源。佛教所提倡的"慈悲"则是洞彻众生与我本为一体，而发展出来一种无私无我的奉献精神。由于慈悲是一种净化的爱、升华的爱，像天地一样覆载万物，不以为功，所以能普利群生，绵延久远。

佛经云："菩萨因众生而生大悲心，因大悲心而长养菩提，因菩提而成就佛道。"又说："菩萨但从大悲生，不从余善生。"还有像地藏王菩萨"地狱不空，誓不成佛"，许多菩萨甘为众生承受一切苦难等都是很好的榜样。佛光会员应效法诸佛菩萨"但愿众生得离苦，不为自己求安乐"的慈心悲愿，从度化众生中完成自己，不仅关怀贫弱老幼、体恤鳏寡孤独，更要在各地积极弘扬佛法、举行座谈，从根本上解除众生心灵上的苦恼；不仅设计各种活动，接引不同根器的人同入佛道，更要推广佛教文化事业，普及佛教信息的传播，以期导正社会风气，扩大教化的功能。希望各位会员们都能以自他互易的认知，循循善诱；以不望回报的器度，喜舍布施，因为以慈悲心普利众生是我们责无旁贷的使命！

四、以正觉智辨别邪正

所谓"悲智双运"，真正的慈悲必须要有正确的觉知来作前导，才能达到济世利生的目的。像现代人溺爱子女、纵容恶作、不当放生、滥施金钱,乃至依止邪师、妄学神通、投皈邪教、害己害人等等,不但未能广利有情,反而造成社会的乱源,令人痛心疾首,正知正见之可贵于此可见一斑!

世间的人依其迷悟不同,大致可分为四类:凡夫背真逐妄,迷而不觉;外道虽有世间智慧,但觉而不正,是为邪觉;二乘人能修四谛法门、十二因缘,但只觉我空,未觉法空,于真理之觉悟未能普遍平等;菩萨虽觉二空真理,平等利他,但尚有根本无明,觉悟程度仍未圆满;唯有佛陀自觉觉他,觉行圆满,万德具足,所以能示教利喜,普施法雨。我们佛光会员何其有幸,以宇宙间最伟大的觉者佛陀作为我们的导师,所以大家应该好好珍惜这无上的福报,除了努力研习佛法教义、请益名师大德之外,更要用心思维,身体力行,以正确的知见、正确的修证来指点世人,破除迷信,打倒邪说,让我们的社会走向富强康庄的大道,让我们的同胞共享安和乐利的生活。

佛光会的目标

提倡人间佛教。
建设佛光净土。
净化世道人心。
实现世界和平。

目标是一个事业组织的灵魂所在,做事没有目标,就好像船只没有罗盘,在茫茫大海中到处漂泊,不知所止。有目标才有方向,有目标才有未来,佛光会如大海般容纳百川,身为会员应该具有共同奋斗的目标,才能团结一致,迅速达成佛光会崇高的宗旨。因此今天我们来谈谈佛光会的四个目标。

一、提倡人间佛教

随着佛教日益兴盛,佛教人口逐渐增加,这本来是一种可喜的现象,遗憾的是,部分佛教人士的行径已偏离佛陀示教利喜的本怀,以致佛教无法发挥觉世济民的功效,例如有些人重视佛学上的玄谈,但忽略实际的修证;有些人只知道形式上的吃素叩拜,对于人格道德的增进及日常生活问题却弃之不顾;有些人一信佛教,就忙着闭关自了,不问世事,失去对社会大众的关怀;有些人迷信邪师异说,以变化神通为尚,结果学佛不成,反成弊害。其实佛陀所提倡的教义是"现实重于玄谈,大众重于个人,社会重于山林,利他重于自利"的人间佛教,佛光会员应先认识人间佛教的本质,才能担负起弘法利生的重责大任。什么是人间佛教的实质内容呢?因缘果报是人间佛教,五戒十善是人间佛教,六度四摄是人间佛教,慈悲喜舍是人间佛教,五乘共法是人间佛教,乃至勤劳刻苦、尊重赞叹、包容异己、服务助人、造福社会、欢喜融和等等,都是人间佛教所提倡的内容。希望大家都能以身作则,以人间佛教思想作为行解修证的圭臬。

二、建设佛光净土

生活在这个世间上,黑暗的社会需要光明,动荡的时代需要安稳,苦难的人生需要喜悦,烦恼的身心需要解脱,净土于是成为人人心驰神往的世界!然而极乐净土与琉璃净土需要持名念佛达到一心不乱才能往,华藏净土必须精进修持达到圆融无碍才能契入,兜率净土虽说近易普及,但仍在三界之内。《维摩诘经》云:"随其心净则国土净。"我们何必舍近求远,只要大家努力,人间也可以成为净土,宇宙间哪一方净土不是诸佛菩萨以无比的愿力庄严而成?佛光会员应当本着当下承担、舍我其谁的精神,效法诸佛菩萨的慈心悲愿,去除对三毒的畏惧,散播欢喜的种子,融合极乐净土的环境清净、天下一家;琉璃净土的政治清明、民生丰富;华藏净土的互助友爱、平等和谐;兜率净土的善人聚会、法乐无穷,将我们的人间秽域建设成佛光净土。

三、净化世道人心

随着科技进步，物质日益丰盛，但是本地社会文化却越见低落，精神生活也江河日下。但见毒品殃民、暴力充斥、娼妓泛滥、道德沦丧、尔虞我诈的歪风四处漫延，其原因固然与社会形态变迁有关，不过最主要的，还是一些像损人利己、幸灾乐祸、同归于尽、以折磨人为乐、信坏不信好、畏果不畏因、信假不信真等等病态心理为祸最深。佛经云："三界唯心，万法唯识。"我们的心好像工厂，好的工厂不但生产优良产品，而且还将余利回馈乡梓；坏的工厂不但生产劣质产品，而且制造污染为害社会。心也是如此，拥有慈悲善良的心能利己利人，怀抱贪瞋愚痴的心则自恼恼他。

孙中山曾说："国者，人之积；人者，心之器。"我们想要国家富强、民生乐利，首先要匡正世道人心，除了自己必须有节制的感情态度、合理的经济生活、正当的社会关系、德化的宗教观念以外，更要以慈悲心、随喜心、感恩心、惭愧心、包容心、菩提心来净化自他，福利社会。

自佛光会成立以来，各地协、分会举办各类活动，唤醒人们迷失的心灵，已获得当地民众的肯定赞扬。希望大家再接再厉，互相切磋，为我们的社会共创美好的明天。

四、实现世界和平

由于长久以来的历史因素、种族之间的互相歧视、宗教之间的意见不一、称霸群雄的贪欲诱惑，国际之间难有宁日。加上近百年来科技发达，武器的功能日新月异，人类对战争的畏惧益深，渴望和平的呼声也越来越高,因此有禁武、限核等高峰会议之举行,然而这些外在的措施虽使和平的脚步迈开,却无法完全杜绝战争的发生。因为解决纷争之道,不但需要理事配合、行解并重,更要考虑各方面的情况,非仅去除表面的乱相即可。在诸多学说之中,佛教的"六和主义"最能达成和平的效果,今将其意引申,供大家参考:

1. 见和同解,亦即思想的统一,大家必须在和平上具有共识。
2. 利和同均,亦即经济的均衡,大家必须在经济上互相扶持。
3. 戒和同解,亦即法制的平等,大家必须奉行法制,人人平等。
4. 意和同悦,亦即心意的开展,大家必须开拓心胸,诚意沟通。
5. 口和无争,亦即语言的亲切,大家必须出言委婉,话语恳切。
6. 身和同住,亦即相处的和乐,大家必须彼此尊重,互相包容。

在诡谲多变的世局里,我们佛光会员幸有佛法作为指南,因此未被利诱的浊浪所淹没吞噬。在庆幸之余,我们应该进一步团结起来,共同为提倡人间佛教、建设佛光净土、净化世道人心、实现世界和平而携手合作,期使全球人类都能和合无争,永享安乐。

佛光会员的展望

为自己留下信仰。
为家庭留下贡献。
为社会留下慈悲。
为生命留下历史。
为道场留下功德。
为众生留下善缘。
为未来留下愿心。
为世界留下光明。

人为希望而活,生命因发展获得圆满,没有希望的人生将如同行尸走肉,生命也就毫无意义可言。参加佛光会,不仅使生命充满无穷的希望,更能为前途带来美好的发展。身为佛光会员有什么样的展望?在此我提出八点意见供大家参考。

一、为自己留下信仰

有人说:"人是信仰的动物。"世间不管是哪一种宗教,哪一种学说,都必须建立在信仰上。有了坚定的信仰,就会产生很大的力量,甚至为之赴汤蹈火在所不惜。但是,信仰有好有坏,一般而言,我们可以将信仰分成四种层次,最坏的是信仰邪师异说的"邪信";其次是"不信",对于生从何处来,死归何处去不想探讨,人生犹如无根的浮萍,但至少没有误入歧途;第三是信得很虔诚,但不知分辨的"迷信",迷信虽然不好,但是凭着一片纯真的心,对于防非止恶也能产生很大的功效；最高尚的信仰应当是信仰实在实有、道德高尚、戒行清净、正法圆满、智慧超然，能帮助我们升华人格，解脱烦恼的"正信"；佛教就是建立在真理、慧解，经得起考验的正信之上。在经典里，佛陀很明确地告诉我们一切众生都有佛性，只要依法而修，都可以成就佛道。佛光会员应当从礼佛、念佛、行佛中，探索内心的宝藏，追寻无限的人生，为自己留下永恒的信仰。

二、为家庭留下贡献

一个人从呱呱坠地起，就在家庭里度过大半的时光，及至长大嫁娶，又成立另一个家庭，养儿育女。家庭不但延续生命，对于个人身心的成长，国家社稷的安定更是重要。所以，佛教对家庭幸福非常重视，像《善生经》《玉耶女经》《大宝积经》《涅槃经》等佛教经典中，不但教导人们如何实践家庭伦理，还说明家庭经济如何运用得法。

佛光会员怀抱建设人间净土的理想，应当先从自己的家庭做起，为人子女者，对父母恭敬供养；为人妻子者，对丈夫守贞重节；为人丈夫者，对妻子赞美慰苦；为人父母者，对儿女谆谆善诱，不但做到父慈子孝、兄友弟恭，更重要的是，应该将佛法的明灯延续下去，代代相传，为家庭留下长远的贡献！

三、为社会留下慈悲

我们的衣、食、住、行都是由社会各行各业所供给，因此对社会，我们除了以努力工作回馈报答之外，更应配合时代，福国利民，为社会留下我们的慈悲。世界上还有什么比慈悲更可贵的呢？中国南北朝时代,佛图澄以慈心化度残暴的石勒、石虎,苍生因而得救;北魏昙曜发大悲心设立供应无缺的僧祇户、僧祇粟,饥民因而免难。今日台湾的社会问题丛生,究其原因,主要在于大家缺乏慈悲的精神;人际之间不能和谐,就是因为大家不能易地而处;劳资之间时有冲突,也是由于上下无法互相体谅……凡此都需要慈悲的法水来滋润抚平。

唯有慈悲能化干戈为玉帛,唯有慈悲能转暴戾为祥和,佛光会员应以古德为师,以无缘大慈的精神布施欢喜,以同体大悲的胸怀济助苦难,以怨亲平等的雅量包容异己,以人我一如的精神关怀万物,为我们的社会留下可贵的慈悲。

四、为生命留下历史

人生的意义在创造宇宙继起的生命,我们踏在前人的肩上步步高升,自然也要为后世子孙留下历史的轨迹!像罗门四哲之一的僧肇虽然英年早逝,但是他的《肇论》流传至今,仍为研究佛教思想的宝典;幼年时因意外而严重残疾的亨利·克拉克·华伦凭着对佛法的坚定信心,博览群经,著书立说,度人无数,虽然以不惑之龄与世长辞,其嘉言懿行却足以模范后学;民国时代的太虚大师力图整理教产、教制,尽管功败垂成,然而对日后中国佛教的振兴却深具潜移默化的影响;德国高僧三界智长老虽然一生颠沛流离,三度被捕下狱,却未尝稍改志节,许多欧美人士在他的感召之下,纷纷学佛向道。可见寿命的长短不在色身的生灭,事业的大小也不在一时的成败,而在于自己对人群社会留下多少贡献。我们佛光会员应当效法前贤立德、立功、立言的精神,为不死的生命留下璀璨的历史!

五、为道场留下功德

历代的佛寺道场除了住持佛法,更发挥教育百姓、建设文化、医疗救济、帮助生产、开发交通、保护生态、利济行旅、安住军民、财务运转等功用,俨然成为大众法身慧命的第二个家庭,与我们色身肉体寄住的家庭并无二致,所以为道场发心是我们分内之事。

古德说:"国家兴亡,匹夫有责。"同样地,"佛教兴亡,僧信有责。"唯有四众弟子共同护持道场,道场才能扩大弘法度众的功能。如果我们都能借着我们的口为佛教宣扬赞叹,借着我们的手脚为寺院道场分担责任,借着我们的头脑为佛教事业贡献智慧,乃至尽一己之力护法卫僧,以一瓣心香祝祷教运昌隆,佛教还会没有希望吗?众生还会没有度尽的时候吗?

护持道场能化导万千众生,功德自是不可限量。昔时,须达长者布施黄金助建祇园精舍,不但僧伽得以安住无虞,忉利天上也为他造了一座宫殿;贫穷的难陀女因诚心供养一盏小灯,不但为自他点亮了光明的佛性,百劫后更得以证果成佛,所以佛光会员为使正法永存、佛光普照,应当竭尽心力,为长养慧命的道场留下不朽的功德。

六、为众生留下善缘

佛陀在菩提树下证悟的真理中,最主要的就是缘起法则。缘,是世间上最美妙的事!靠着众缘和合,无中可以生有;由于善缘加入,坏的因子得以改善。宇宙中一切事物都是相因相成,众生之间也具有同体共生的关系，人类必须摒弃过去"物竞天择，适者生存"、"弱肉强食"的概念，而改以平等互惠的观点来看待一切众生，举凡有益众生的事情，大至世界和平、保育运动，小至造桥铺路、施灯施茶、赞美鼓励，大家都应该随心尽力，共襄盛举。

希望佛光会员都能发平等心、广大心、最上乘心、无颠倒心，为十方众生留下得度的善缘。

七、为未来留下愿心

世事无常，明天永远是不可知的未来，但是坚定的愿心可以贯穿时空，万古长存！像西方极乐世界是阿弥陀佛以四十八愿逐一成就，东方琉璃净土是药师如来以十二大愿庄严而成，地藏王菩萨"地狱不空，誓不成佛"的愿心为凄苦的炼狱带来希望，观世音菩萨"倒驾慈航，寻声救苦"的精神是娑婆暗夜里的一盏明灯，玄奘大师凭借"宁往西天一步死，不回东土一步生"的立志，鉴真大师靠着"为大事也，何惜身命"的誓言，忍人所不能忍之苦，行人所不能行之事，不但为佛教开创新的里程碑，更为众生带来得度的希望！《劝发菩提心文》中，省庵大师说："入道要门，发心为首；修行急务，立愿为先。愿立则众生可度，心发则佛道堪成。"希望佛光会员能效法古圣先贤恢宏的气度，为未来的子孙留下崇高的愿心！

八、为世界留下光明

世界上最殊盛的事，莫过于光明普照。清晨的阳光驱走暗夜，温暖大地，使万物得以成熟；海边的灯塔指引方向，照亮前程，使船夫免于恐惧。佛光会员应该向阳光、灯塔学习，在苦难的地方点燃慈悲的明灯,在瞋恨的地方点燃宽恕的明灯,在怀疑的地方点燃信心的明灯,在忧伤的地方点燃喜悦的明灯,在失意的地方点燃希望的明灯,在愚痴的地方点燃般若的明灯,为这个世界留下无限的光明。

人生的价值不在长命富贵、华夏美食,而在奉献所长、服务大众;学佛的可贵也不在祈求功名、荣利,而在尽己所能,让众生证悟佛性。希望大家都能禀持"推己及人,兼善天下"的精神,为自己留下信仰,为家庭留下贡献,为社会留下慈悲,为生命留下历史,为道场留下功德,为众生留下善缘,为未来留下愿心,为世界留下光明,以期自利利他,已达达人。

佛光会员的胸怀

人在山林,心怀社会。
立足本土,放眼世界。
身居道场,普利大众。
天堂虽好,人间为要。
法界无边,家庭第一。
今日一会,无限永恒。

孔子云:"君子坦荡荡,小人长戚戚。"圣贤有圣贤的胸怀,凡愚有凡愚的胸怀。胸怀有多大,就能成就多少事业。一个人如果胸怀一家,就能做一家之主;胸怀一里,就能做一里之长;胸怀一国,就能做一国之君;胸怀法界,就能自在放旷,做法界之王。那么,佛光会员应该具有什么样的胸怀呢?下面我以六点来说明我对诸位的期望。

一、人在山林,心怀社会

许多人一旦学佛,便急着离开尘世,幽居山林。其实我们不一定要在有形有相的山林里居住才算出世学佛,所谓"安禅不必须山水,灭却心头火自凉",我们将自己安住在无我无相的山林之中,对感情不执不舍,对欲望不贪不拒,对世间不厌不求,对生死不怕不离,从而出离五欲六尘,超越人我对待,才是所谓的出世修行。

学佛者不但必须拥有出世的思想,更应该具备社会的性格。《六祖坛经》云:"佛法在世间,不离世间觉,离世求菩提,犹如觅兔角。"又说:"佛法在众生中求。"释迦牟尼佛成道以后,为走入社会,接近大众,清晨托钵乞化,余时往来于皇宫平民之间,将菩提种子散播人间,以清净法喜利乐有情,及至八十高龄,仍不惮辛劳,四处奔波弘法,这就是兼具出世思想与社会性格的最佳表现。希望佛光会员皆能以佛为师,具备人在山林,心怀社会的胸襟。

二、立足本土,放眼世界

佛陀说法,虽然以现在此世的人生为主,但一讲到时间,总是涵括过去、现在、未来三世;一讲到空间,就是三千大千世界;一讲到众生,也是十方无边众生。而佛教经典中,观世音菩萨"游诸国土,度脱众生",极乐圣众"常以清旦,各以衣祴,盛众妙华,供养他方十万亿佛。"凡此无不说明佛教是一个极具世界宏观的宗教。翻开中外教史,摄摩腾、竺法兰为译经弘法,远从印度来到中国;日本最澄、韩国义湘为学习大乘佛法,跋山涉水来到中原;美国奥葛特上校为复兴锡兰佛教,千里迢迢远赴斯土;英国阿诺德教授为重建佛教圣地——菩提迦耶,四处奔走申诉;拉脱维亚的旦尼生主教为弘扬佛法,深入冰天雪地的北极圈;俄国的彻尔巴斯基博士为研习法义,数度前往印度、蒙古等地参学。由于古圣先贤具有开阔的心胸,不囿于狭隘的地域观念,来往国际之间弘扬教义,互相学习,彼此观摩,合作无间,不但使佛教圣谛因此传播世界各地,十方众生也得以均沾法益。我们佛光会员也应深思效法,立足本土,放眼世界。

三、身居道场，普利大众

到寺院道场礼佛听经固然很好，但法会、讲座只是我们的源头活水，最重要的是，如果能将法喜禅悦带给家庭成员，将圆融义理运用在办公室，将学佛利益告诉亲朋好友，将佛教真谛传递给有缘之人，那么家庭、教室、农村、商店、工地，部队乃至十字街头、棚舍陋巷也都可以成为我们的道场。《法华经》云："所在国土，若有读诵、解说、书写、如说修行，若经卷所在之处，若于园中，若于林中，若于树下，若于僧坊，若白衣舍，若在殿堂，若山谷旷野，是中皆应起塔供养，何以故？当知是处即是道场。"《维摩诘经》也说："直心是道场，深心是道场，菩提心是道场，布施是道场，三明是道场，于一念间知一切法是道场。"佛光会员若能胸怀普利大众的悲愿，懂得观机逗教的方便，则无论身在何方，都能以法水净化人心，不管位在何处，都是我们的菩提道场。

四、天堂虽好，人间为要

天人的思衣得衣，思食得食，寿命长久，轻安自在一向为人们所钦羡，但很多人不知道天堂虽好，也有不及人间之处，例如人类能勇猛，勇猛能使我们精进修行，趋向佛道；人类能忆念，忆念能使我们记取痛苦的教训，珍惜甘甜之不易；人类能梵行，梵行能使我们知道返观自照，净化三业。而天人却因耽于逸乐，慧性常昏，不乐进修，所以福报享尽，身坏命终的时候，往往堕入恶道。人间虽有忧悲痛苦，但这些磨难挫折却是成就甘露妙果的逆增上缘，因此佛陀以"盲龟浮木"来形容人身之可贵。有两首偈语说得好："人身难得今已得,佛法难闻今已闻,此身不向今生度,更待何生度此身。""饥来吃饭睡来眠,只此修行玄更玄;说与世人浑不信,却从身外觅神仙。"但愿佛光会员们都能珍惜难得的人身,在日常生活中修行办道,化人间为天堂,转秽土为净域。

五、法界无边,家庭第一

世间上小至一微尘,大至整个宇宙,都是我们的法界。面对无量无边法界,十方一切众生,我们应该从哪里着手实践佛道呢?所谓"登高必自卑,行远必自迩",学佛应先从家庭和乐做起,因为家庭不但是蕴育生命的地方,也是社会的基本单位;不但是滋养色身的安乐窝,也是抚慰心灵的避风港。俗谓:"金窝、银窝,不及自家的草窝。"社会的许多乱相都是源于破碎的家庭背景或不当的家庭教育,家庭的重要性可见一斑。因此佛光会员在家庭里应做到以慈悲覆护家人,以智慧处理是非,以恭敬接待亲眷,以道德摄受大众,让我们的佛化家庭在国家社会发挥净化的力量,让我们的菩提眷属为后世子孙留下最佳的榜样。

六、今日一会,无限永恒

一粒小小的种子播种下去,假以时日,就能长成高大的树木,更何况大家参加佛光会,以会会友,共结善缘;广学多闻,增加见识;参加活动,净化身心;福慧双修,提升人格;佛化传承,全家受益,其果报必然无量无边,无有穷尽。诸位有此殊胜因缘,可说"不于一佛、二佛、三、四、五佛而种善根,已于无量千万佛所种诸善根",所以应该珍惜这相聚的时刻,为弘法利生,共趣菩提而携手迈进。

　　为了求名、求利，为了想上升天堂，甚至为了自身的健康福祉而行善结缘，均属有相布施，其功德自有限量，佛光会员们若能有"不问别人能为我做些什么，而问自己能为别人做些什么"的精神，从建立美满家庭、注重人间修行做起，继而心怀社会，放眼世界，普利大众，那么今日的一会，将带来不可限量的功德，今日的一会，也将留下永恒不朽的历史。

佛光会员应有的精神

四大菩萨是我们的楷模。
天龙八部是我们的护法。
四大金刚是我们的力量。
十方诸佛是我们的理想。

精神是活力的泉源,精神是立业的基础。

翻开中外历史,孙中山先生抱定百折不挠的精神,推翻清廷,建立民国;美国的爱迪生凭着锲而不舍的精神,发明创造,利人无数;英国的南丁格尔秉持慈悲耐烦的精神,率领护士远赴前线服务,开后代红十字会的先河;日本的松下幸之助本着刻苦勤奋的精神,发展电器事业,闻名全球,享有"经营之神"的美誉。佛光会是一世界性的佛教组织,佛光会员应具有何种精神,才能达到普利众生的目标呢?

一、四大菩萨是我们的楷模

一般人以为菩萨是泥塑木雕的偶像,其实菩萨是活生生的觉有情,凡是上求菩提,下化众生的人,都可以称为菩萨,所以太虚大师曾说:"比丘不是佛未成,但愿称我为菩萨。"

中国四大名山中的四大菩萨最足以代表大乘佛教无我利他的精神。例如于普陀山示现的观世音菩萨，本来在无量劫前成就正觉，号"正法明如来"，但因为悲悯众生，而倒驾慈航，再来娑婆，寻声救苦；于五台山示现的文殊菩萨，本来在百千劫前证悟佛道，号"龙种上如来"，为七佛之师，诸佛之母，唯其志行菩萨道，恒以智慧方便利乐众生，所以《胎藏经》说文殊"昔为能仁师，今为佛弟子，二尊不并化，故我为菩萨。"在峨眉山示现的普贤菩萨，其身相与功德遍一切处，纯一妙善，并以恒久的十大行愿，导引临终有情往生极乐世界；在九华山示现的地藏菩萨，发下"众生度尽，方证菩提，地狱不空，誓不成佛"的宏愿，于二佛中间的无佛时代，广度六道众生。

由于四大菩萨具有悲智愿行的伟大精神，所以大家将他们供奉在四大名山的辉煌殿宇之中，瞻仰膜拜，直至今日，依旧香火鼎盛，前来朝山者络绎不绝。可见悲智愿行不但是处世的良方，更是度苦的舟航。佛光会员应以观音的慈悲，服务众生；以文殊的智慧，导迷入悟；以地藏的愿力，拔济忧苦；以普贤的功行，广度有情。让佛教走入每个家庭，让佛法传遍世界每个角落。

二、天龙八部是我们的护法

所谓"天龙八部"，指的是行善享乐的天人、愚痴瞋恚的龙神、性情躁动的夜叉、专事奏乐的干闼婆（乐神）、争斗不休的阿修罗、性情猛烈的迦楼罗（金翅鸟）、善喜歌舞的紧那罗（歌神）、贪婪邪谄的摩睺罗伽（大蟒神），这些异类旁生受到佛陀的威德感化，住在诸佛的受用土上护持佛法。其实不仅天龙八部是佛教的忠实护法，在一些经典中,甚至记述地狱饿鬼投皈三宝座下,护法度众的事迹。也正因为佛陀的包容异己,方便摄受,佛教不但在五天竺迅速开展,而且遍撒菩提种子在十法界中,让大家都有得度的因缘。

古德说:"有容乃大。"海不拣细流,故能成其大;山不辞细壤,故能成其高。国际佛光会创会以来,本着"同中有异,异中求同"的精神,不但接引十方信众共襄盛举,更接受其他信仰的人参加"佛光之友",至今会员达百万人。眼见佛教于世界各地蓬勃开展,相信大家的心里必定非常欢喜,但是我们不能因此自满,而应该再接再厉,以无限的悲心,无限的愿力接引更多的人成为护法长城。

三、四大金刚是我们的力量

佛教的教育重视契理契机,权巧方便,对于一般的人,我们固然要慈悲包容,对于歹徒恶人,我们则要以威势慑服。所以,一般寺院的山门外立着慈眉善目、笑口常开的弥勒菩萨,代表爱的摄受;有些道场的殿堂内,也供奉怒目圆睁、手持法器的四大天王,代表力的折服。

四大天王,指东方持国天王、南方增长天王、西方广目天王、北方多闻天王,他们以种种威势,摧破众生烦恼,降伏外道怨魔,去除惑业障难,所以,世人又称之为"四大金刚",以此来比喻他们坚无不摧、殊胜威猛的力量。

佛教里,以"金刚"为名之处甚多,像佛教经典中,有一部《金刚般若波罗蜜经》,以一切法空的真理警醒世人的我执;在修持法门中,有所谓"金刚三昧"能通达一切诸法,断执去惑;在菩萨阶位上,"金刚十地"菩萨已入圣位,永不退转;在诸多戒法中,"光明金刚宝戒"是一切诸佛本源。乃至在佛门里,有许多三宝弟子义务为道场奔走服务,誓护佛法,至死不渝,我们称为"金刚护法"。1994年台湾七号公园的"观音事件"之所以轰动一时,就是因为佛光会员挺身而出,发挥金刚般的坚毅力量,遏阻无明众生污蔑三宝。希望往后佛光会员仍能继续见义勇为,以大精进的力量激浊扬清,以大无畏的力量破邪显正。

四、十方诸佛是我们的理想

在《法华经》《楞严经》中,观世音菩萨自述在因地修习耳根圆通到了相当功行时,"尽闻不住,觉所觉空。空觉极圆,空所空灭,生灭既灭,寂灭现前。"佛陀则赞美观世音菩萨"慈眼视众生,福聚海无量";在《金刚经》《阿弥陀经》中记载:"如来是真语者,实语者,不诳语者,不异语者。""十方诸佛,同声赞叹释迦牟尼佛于五浊恶世中能为希有之事。"在《维摩诘经》中,众香佛国以香饭作诸佛事,而其他佛土中,"诸佛威仪进止,诸所施为,无非佛事。"维摩大士说:"随其心净,则佛土净。"至于众生为何见此土污秽?这正如螺髻梵王所说:"心有高下,不依佛慧,故见此土为不净耳。菩萨于一切众生悉皆平等,深心清净,依佛智慧,则能见此佛土清净。"

可见诸佛的世界没有嫉妒瞋恨、人我是非,是彼此尊重、成就伟人的地方,佛光会员若能以十方诸佛作为理想的目标,则眼中所见无非是佛的世界,耳中所听无非是佛的音声,口中所言无非是佛的语言,手中所作无非是佛的事业。但愿大家都能实践诸佛的行谊与愿力,将十方诸佛的精神散播开来,让大家成为诸佛如来的化身,那么当下就是净土佛国。

今日的世界，邪魔群舞！十方的众生，未度者仍多！佛光会员们，四大菩萨是我们的楷模，天龙八部是我们的护法，四大金刚是我们的力量，十方诸佛是我们的理想，希望大家发挥悲智双运、包容耐烦、摧伏外魔、清净六根的精神，弘扬佛法，广度众生。

佛光会员的任务

鼓励研究佛学。
护持文教事业。
举办社会服务。
发展佛教教育。
推动国际弘法。
建设人间净土。

"天生我材必有用",大地万物都有生存的任务,所以尽管是一块微不足道的小石子,一颗小小的螺丝钉,如果能善尽职责,成就大众,都能在世间占有一席之地。现在的社会之所以有"世风日下,人心不古"之讥,乃因许多人只贪图权利享受,而不想尽责任义务,所以物质越加丰美,心灵反而越加腐蚀。处身于万丈红尘中的佛光会员,在这个世间应负有何种任务呢?以下我分为六点为各位说明。

一、鼓励研究佛学

从过去以来,多数的佛教徒只重拜佛诵经,祈求福禄,所以不但不能提升层次,甚且有碍佛教发展,实在可惜!如果以学校为譬喻,诵经祈福只是小学的修持,如果要广利众生,还必须更上一层楼,做一个研究佛学,实践佛法的真佛子。尤其大家都是抱定弘法利生的目标,同来参加佛光会,并非痴聚的乌合之众,更应该精研佛理,彼此切磋,精进修持,互相勉励,才能将佛法落实生活,利己利人。只是三藏十二部经,有如汗牛充栋,即使穷一生之精力,也未必能遍读通晓;各种修持法门,也是精深浩瀚,令人不知从何下手。因此国际佛光会发行《佛教丛书》,分为教理、经典、佛陀、弟子、教史、宗派、仪制、教用、艺文、人间佛教等十类,每一类编纂成一册,每册30万字左右,力求条目清楚,文字简洁,若能反复阅读,旁征博引,必定能对佛法有完整的认识。希望大家都能在各地成立读书会,借着讨论研究,达到解行并重、定慧等持的目的。

二、护持文教事业

慈善布施固然是修持之一,但文教事业更能跨越时空,广利十方三世众生。所以《金刚经》强调弘扬四句偈功德胜过三千大千世界七宝布施功德。佛经云:"若是经典所在之处,即为有佛,若尊重弟子。"又说:"诸供养中,法供养第一。"此外,佛教的十法行包括书写、供养、法施、谛听、披读、受持、开演、讽诵、思维、修习,凡此无非说明文教在佛教弘传中占有十分重要的地位。

文教是佛教的慧命所在!有识于此,佛光会自成立以来,各地协、分会不辞劳苦,出版佛教书籍、《佛光世纪》,成立佛教文物中心、国际翻译中心,发行录音带、录像带,举办梵音海潮音音乐会、电视电台弘法等等,佛光会员除响应追随、发心护持之外,应百尺竿头,更进一步。未来我们还可以成立佛教信息中心、佛教报社、图书馆等,举办多种国际佛教会议,设置奖助学金,鼓励大家撰写佛教论文,创作佛教音乐、佛教歌曲,期能使佛法传遍三千界内,妙谛普扬万亿国中。

三、举办社会服务

佛教非常注重社会服务,在经典中,佛陀曾说:"我是众中之一。"又说:"佛法在大众中求。"历代以来的高僧大德,或修桥铺路,方便行人;或施茶施灯,利济行旅;或施粥施饭,救济难区居民;或设立当铺、磨房,以利百姓急需;或举办义诊、施棺,赈助贫民;或成立养老院、孤儿院,济老扶幼。佛教对于国治民安实在是贡献良多!

佛光会秉持佛陀广度社会大众的胸怀,除设有急难救助会,赈济世界各地天灾人祸、贫病疾苦之外,还举办净化人心、把心找回来、环境服务、资源回收等活动,并组织服务队为联考考生、医院病患、留学生、移民侨胞服务。今后,我们还应该成立电话法语中心、佛法咨询中心、职业辅导中心、养老基金会、佛书交换研读会、佛教慈爱团,让社会各阶层人士都可以得到佛光的普照,法水的滋润。

四、发展佛教教育

佛光会与普通社团最大的不同之处,在于佛光会不以社会福利事业为限,更注重发展佛教教育,以达到净化人心的目的。

佛教,意谓佛陀之教,而佛陀本身就是世界上最伟大的教育家。由于佛教的教育直指人心,活泼无碍,所以能适应各种时空,发扬人性光明的一面。像佛陀以长行、重颂、譬喻、本事等各种方式观机逗教,度众无数;胜鬘夫人在宫中为妇女、儿童敷演妙谛,为妇女法座会、儿童佛学班之滥觞;东晋末年,道安大师率徒辗转避难,斋讲不倦,以其学养深厚,成为许多长安士族请益的对象。凡此都说明佛教教育走在时代的前端,成为影响社会的清流砥柱。佛光会经常举办各种佛学讲座、佛法座谈会,对于人心之美化不无小补,除希望大家能踊跃参与、共襄盛举之外,更希望有志加入弘法行列的青年男女参加八关斋戒会、短期出家修道会等活动,乃至进入佛教学院、胜鬘书院就读,接受佛教教育的洗礼,必定能更进一步将佛法胜义推广到社会各个阶层。

五、推动国际弘法

所谓"宗教无国界"。正信宗教追求至真、至善、至美,所以能超越时空,佛教的教主佛陀来往天上人间、佛国净土说法度众,是为国际弘法的先驱;佛法的真理主张众生平等、重视群我关系、提倡融和交流、具有包容精神,所以在短期间内从恒河中游发展到整个印度。两百年后,在阿育王及其他高僧大德的努力之下,佛法更从印度传播至东南亚诸国及中、日、韩等国,使佛教成为具各民族特色的世界性宗教。如今科技进步,信息发达,国际弘法的因缘已趋成熟,尤其目前随着人类的心灵枯竭,社会风气普遍恶化,国际弘法成为当务之急。国际佛光会员立足本土,放眼世界,对国际弘法应具备当仁不让,当下承担的决心,以前瞻性、全面性的观点来共同推动,例如在人才方面,我们应该自我培养正知正见、功德清望,并且发心成为解行并重的檀讲师;在语文方面,我们应该备有各种语文的资料,目前佛光会已有英、日、韩、德、俄、西班牙、葡萄牙等译作出版,但仍嫌不足,在此希望佛光会员们不但尽力培养自己的语文能力,而且应该接引更多的当地人来弘扬佛法,让佛教的菩提种子在世界各个角落生根结果。

六、建设人间净土

每一尊佛有每一尊佛的净土，阿弥陀佛以四十八愿来完成西方极乐净土，药师如来以十二大愿来实践东方琉璃净土，佛光会员应该效法十方诸佛，发心立愿在人间创造我们的净土。

我们应如何建设人间净土呢？瑞士、美国重视自由和平、人权平等、社会福利；日本、泰国倡导佛教信仰，尊重宗教师，维护社会安宁……这不正是人间净土的体现吗？所以，一个国家如果能做到国富民安、繁荣进步，这个国家就是一方净土；一个社区如果能做到守望相助、彼此关怀，这个社区就是一方净土；一个家庭如果能做到父慈子孝、兄友弟恭，这个家庭就是一方净土；一个人如果能做到慈悲为怀，人我平等，这个人的内心就是一方净土。简言之，净土不在他方世界，也不必求来世往生，如果大家都能从心理上自我健全，自我清净，自我反省，自我进步，从而扩及家庭、社区、国家，那么整个世界就是佛光普照的人间净土。各位佛光会员们，我们有六项任务：鼓励研究佛学、护持文教事业、举办社会服务、发展佛教教育、推动国际弘法、建设人间净土。大家应当自许为社会的中坚、佛教的尖兵，以无上的悲心、无比的愿力来完成我们的任务！

佛光会的方向

从僧众到信众。
从寺院到社会。
从自学到他学。
从静态到动态。
从弟子到教师。
从本土到世界。

俗话说:"好的开始是成功的一半。"凡事在开始的时候,立定一个正确的方向努力向前是非常重要的。例如同样是学佛修行,目的在开悟见性,有的人朝着声闻道的方向趣入,有的人朝着菩萨道的方向趣入,两者的结果就有很大的差别。"方向"既然是如此重要,今天我们就来谈谈佛光会的四个方向。

一、从僧众到信众

僧,有形象僧,有胜义僧。出家僧众住持正法,固然被称为僧宝,如果在家信众心在佛道,身行佛法,又何尝不是胜义僧呢?例如在经典中,胜鬘夫人自说大乘法门,阐释如来藏义;宝锦龙女不卑不亢,与文殊菩萨畅论空义;月上童女凌空说法,破众贪欲。在历史上,斐休宰相为圭峰宗密之著述撰写序文,迎黄檗希运于宛陵共论禅道;耶律楚材以柔辅政,以慈止杀,使万千生灵免于涂炭之苦;杨仁山成立金陵刻经处,讲学于祇洹精舍,开中国近代佛学之风;吕碧城将佛经译为英文,斥资流通,乃佛法传入欧美的功臣之一。凡此可见在家信众之中,不乏才干之士,国际佛光会成立的主要目的,就是要将全球广大的在家信众组织起来,予以培训,使他们也能发挥一己的力量,担负弘法大任。我深信,僧俗二众若能合作无间,相辅相成,则犹如超人同运双臂,大鹏高展双翼,必定可以将佛教带入更高更远的境界。

二、从寺院到社会

过去的人想要听经闻法都必须到寺院里去,没有寺院的地方鲜有佛法可言,因此我们在世界各地成立佛光会,期使全球每个角落都能佛光普照,法水长流。佛光会员除了以当仁不让的决心,在各地开疆拓土,遍撒菩提种子之外,更应深入本土社会,参与净化人心的工作。

只要我们有心,不但"国家会堂"、公园广场、十字街头、学校教室可以作为弘法的道场,乃至厂房车库、监牢狱所、家庭客厅、公司行号都可以成为布教的讲堂。希望各位会员都能同心同德,将我们的家园建设成佛化的社会。

三、从自学到他学

过去农业时代,交通不便,想要研究佛理,大部分都只能靠自修阅读,所以为了求法,善财童子不惜千辛万苦,南巡参学,遍访53位大善知识;玄奘大师冒着生命危险,西行取经,走访百余个国家;年高八十的赵州禅师翻山越岭,一介女身的无尽藏尼踏破芒鞋。

他们刻苦求道的精神是我们学习的榜样，不过现代科技进步了，人类彼此之间往来频繁，我们可以更有效率地取撷佛法真理，况且成就独觉果位不但属于少例，也不符合一般人的根性。所谓"独乐乐不如众乐乐"，像《楞严经》中，佛陀集合25位菩萨、声闻，共论圆通法门；《圆觉经》中，12位大士聚集一堂，与佛陀问答圆觉妙理，凡此均令在场众生悉发无上道念。所以我认为，参学不仅应该"向他学"，还必须"助他学"，各位佛光会员可以成立读书会、研究会、讨论会、座谈会，邀请法侣道友，互相切磋，或者自己做不请之友，为人讲说，以期教学相长，自他二利。

四、从静态到动态

昔日佛教的弘传方式，崇尚参禅打坐、念佛观想，这固然是个人修持上不可或缺的训练，但太过注重的结果，使得许多人误解佛教是一个消极避世的宗教。

其实佛教有八万四千种法门，早期弘传教义的方式不但积极入世，也非常活泼；像佛世时，即以歌咏赞呗传法给跋提比丘、优波利尊者、目连、阿难、难陀、婆耆舍等人；佛陀每次说法前，也总是发出各色毫光，并以各种悦耳的声音，让听众见闻欢喜，而天龙八部也纷纷奏乐散花，一面表示礼敬，一面助长声势；每天清晨，佛陀与诸弟子都借着托钵乞食，深入民间，为众说法；公元2世纪，马鸣菩萨、戒日王甚至自编佛舞、佛剧，请人演出。宋朝理学家朱熹曾说："问渠那得清如许，为有源头活水来。"止水固然可以看清自己的本来面目，流水顺势俯冲，遇石则转，在动中凝聚力量，在动中随缘任运，不是更能发挥生命的活力吗？所谓"法轮常转，佛日增辉"，法轮要经常转动，佛教才能兴隆，尤其在今天这个注重声音、色彩的世界里，我们更应该动员大家一起共修、巡访寺院、朝山礼佛、听闻佛法。此外，我们还可以动员大家举办园游义卖、发起圣歌表演、举行素食比赛、成立各种球队。

古德说："天行健，君子以自强不息。"宇宙间，春夏秋冬、生老病死、成住坏空、开花结果，哪一样不是在动中展现生机？在动中自我更新？希望大家把握"动"的契机，将大家动员起来，行菩萨道，将佛教带动起来，光照普世。

五、从弟子到教师

社会上，一般的机关行号都会就员工的工作年资、业绩表现给予升迁的机会，但是在佛教界，在家信众尽管皈依多年，学养深厚，却只能以弟子自居，无法提升地位。为打破这种不平等的现象，佛光会特地建立檀讲师制度，凡符合条件者，经由总会审核后，均颁以檀讲师、檀教师、檀导师资格，期使有德有能者都能从弟子提升为老师。

宇宙何其浩瀚！唯有僧俗二众同心协力，弘扬法义，才能广度三千世界的四生九有。所以在佛经里，佛陀经常赞叹卫法护教不遗余力的善男信女、天兵神将，乃至旁生异类、阎罗鬼王，授记他们将来得以悟道成佛，普度众生如恒河沙，这无非是一种肯定成就的鼓励。观音、弥勒、文殊、普贤经常游走四方，弘法利生，所以大家尊称他们为"大士"，"大士"就是导师之意。希望大家都能见贤思齐，不断充实自己，研究佛学，好好把握机会，考取檀讲师、檀教师、檀导师，共同为弘扬佛法而努力。

六、从本土到世界

佛教向来没有地域观念,我们的教主释迦牟尼佛每逢说法,非以一地、一国为对象,说到地方就是三千大千世界,谈到听众就说十方一切众生,甚至佛陀涅槃以后,舍利还分到八个国家。《维摩诘经》中,众香佛国香积如来以香气盛满香饭,遣九百万菩萨来诣娑婆世界,供养释迦牟尼佛;《阿弥陀经》里,极乐世界诸上善人每日清旦,各以衣祴,盛众妙华,供养他方十万亿佛……凡此都说明了佛教是一个极具世界宏观的宗教。所以,我们设立国际佛光会,就是希望大家能从本土的佛教扩展开来,与世界各地的佛教互通讯息,合作无间,期使每一地与每一地之间的佛教都能如梵网宝珠一样,交相辉映,光照大千,让一切众生都能共沐在佛陀的慈光之中,于无上菩提道永不退转。

佛光会的方向是从僧众到信众,从寺院到社会,从自学到他学,从静态到动态,从弟子到教师,从本土到世界,所谓"苟日新,日日新,又日新",我希望大家都能从传统的窠臼中跳脱出来,迎向崭新的未来,共建美好的佛国!

佛光会员应有四种性格

群我要有国际性格。
佛法要有人间性格。
理念要有未来性格。
制度要有统一性格。

佛光会员除了要发扬佛光会的宗旨、性格、使命、目的外,会员本身还要有四种性格,才能强化素质,增进能力,这四种性格是:

一、群我要有国际性格

现在世界各国纷纷由专制独裁进展到民主自由,由一元进展到多元,由静态安定进展到动态竞争,由农业进展到工商业。在新社会中,随着个人意识加强,私人自由增多,群我之间的活动发生密切的关系,个人的事务成为公众的事务,公众的事务也成为个人的事务,群我之间关系越来越密切。再加上近年来科技进步,信息发达,社会的活动不再由国家主控,而是由一群人与一群人、组织与组织之间的互动关系所引导,整个世界俨如一个国际大家庭,如果我们能由此体悟"万法缘起"的真理,进而互助合作,自他兼济,则《华严经》中光光相摄、重重无碍的理想世界将是指日可待之事。

我们佛光会员走在时代的前端,自当身先士卒,以"群我国际化"的观念引领世人迈向和平大道。因此,我在这里建议诸位会员:

1. 每个月至少得到一次国际信息,以与世界脉搏同步跳动。
2. 一年至少要招待十位国际朋友,以促进彼此交流。
3. 一年至少要对国际人士提供五次协助,以广结善缘。
4. 每三年至少要有一次国际旅行,以增进见闻。

二、佛法要有人间性格

佛教是以"人"为本的宗教,因为人是十法界上升下沉的枢纽,所以不唯十方诸佛皆在人间成道、度众,所有的高僧大德也都是在人间修行、弘法,像菩提达摩的一苇渡江,法显、玄奘的西行取经,鉴真、隐元的东渡弘法,乃至寒山、拾得的典座行堂,无非都是为了将佛法落实人间,以妙谛利喜众生。

遗憾的是,许多人一开始学佛就急着闭关修行,以求了生脱死,其实生的问题尚未解决,焉能谈死?阿弥陀佛虽慈悲接引众生往生净土,但也说:"不可以少善根福德因缘得生彼国。"不先利于人间,积集道粮,哪里能了生脱死?

佛陀之所以成就佛道,也必须在人间"三祇修福慧,百劫修相好"。不先成就人间事业,不先庄严人间世界,而想自己一个人成就正觉,实无异缘木求鱼,无有是处!

佛光会员要光大圣教,圆满菩提,必先要有"佛法人间化"的观念,所以我希望各位能做到:

1. 思想言行人间化:我们要歌颂人间的善美,赞叹人间的和乐,推动利他的工作,发起助人的服务,尊敬贤者,友爱同济,感恩知足，喜舍为善，创造美好的人间。

2. 发心立愿人间化：我们要发向道心，健全自我；发慈悲心，普利群生；发头陀愿，努力劳作；发菩提愿，完成佛道。只要对人间有心，对众生有愿，必能庄严人间道场，利益人间有情。

3. 福乐财富人间化：我们要鼓励净财的增多、禅悦的妙用，即使人间福乐财富有限，我们也应从佛法里体会无穷的法乐，从信仰里探索无尽的财富，从而拥有全面的人间。

4. 修行实践人间化：五戒十善、四无量心、四弘誓愿、六波罗蜜都是人间化的修行法门，大家若能依教奉行，努力实践，人间就是净土。

三、理念要有未来性格

过去的佛教界思想故步自封，行事墨守成规，既缺乏高瞻远瞩的见解，又没有大刀阔斧的魄力，只求随缘随喜，所以佛化事业乏人问津，即使在教理、教制上创新突破，也有后继无人之虞。在进入瞬息万变的 21 世纪之际，如果佛子们继续保持因循苟且的态度，恐将无法因应世局，遑论光大圣教，利济众生。所以，我在此呼吁所有佛光会员们应将"理念未来化"，并且做到下列四点：

1. 注意未来的世界趋势：未来的世界充满危机与转机，所涵盖的层面包括社会、科技、环境、经济、政治，它们交相影响，变化迅速，我们唯有主动了解，洞悉变量，因应变化，才能掌握未来。

2. 研究未来的佛教发展：佛教的发展必须与时俱进，才能发挥应机度众的功效，所以我们应该积极研究未来佛教发展的方向，并且统筹策划，让佛教的资源得以有效使用。

3. 前瞻未来的佛光会务：佛光会任重道远，我们应该为弘法、教育、文化、活动等会务厘订 5 年、10 年、20 年、50 年，乃至 100 年计划。

4. 规划未来的人生步骤：阿罗汉道有四向四果，大乘菩萨有五十二个阶位，凡此显示佛教是一个讲究生涯规划的宗教。佛光会员也应分析自己的个性，为未来订下计划。擅长说法者发心考取檀讲师、檀教师、檀导师；乐于文教者研究经论，以文字般若弘法利生；擅长行政者，除参加佛光会举办的干部研讨会之外，自我也应该充实相关知识；乐于修持者，一门深入，多方参学。

四、制度要有统一性格

大乘佛教的八大宗派，禅门的五家七宗，各有道风，这是很正常的。然而各家的佛像式样、寺院规模、礼仪程序、庆典方式也是五花八门，各具特色。长此以往，大家各行其道，结果削弱佛教的力量，实在可惜！

有规矩，才能成方圆，佛光会想要持续发展，必得要将"制度统一化"，例如：

1. 莲花手印统一：只要一看到莲花手印，就知道彼此在打招呼。

2. 佛光会服统一：走到世界各地，立刻可以感受到团队的精神。

3. 修行方法统一：无论行至何处，都能畅怀共修，交流心意。

4. 唱颂偈语统一：从共同的理念达到三业的清净，教团的和谐。

除此以外,我们还要有统一的助念程序、活动方式、会议程序、礼仪称呼,大家都能在一师一道的原则下,团结合作,共创美好的未来。

如果大家都能以"群我国际化"自利利他,以"佛法人间化"利喜众生,以"理念未来化"突破创新,以"制度统一化"凝聚力量,则佛光会必能迅速发展,度众有成。

怎样做一个佛光会员

做一个同体的慈悲人。
做一个共生的地球人。
做一个明理的智慧人。
做一个有力的忍耐人。
做一个施舍的结缘人。
做一个清净的修道人。
做一个欢喜的快乐人。
做一个融和的佛光人。

明、清以后的佛教徒总以为隐居山林,不问世事,才算修行,以致佛法真理几乎在世间隐没消失。幸赖近代以来,有志之士挺身而出,极力阐扬佛陀的弘法精神,虽已逐渐唤起佛子的偏差观念,但由于长久以来佛教徒囿于门户之见,始终无法放开心胸,大步迈进。成立佛光会即是为了带动佛子一起深入城乡,关怀群众,甚至超越国界,弘化全球,为众生分担更多忧苦,为社会承担更大责任。我们应如何扮演好自己的角色呢?在此提出八点建议供大家参考。

一、做一个同体的慈悲人

佛教一向提倡"慈悲为本,方便为门",然而什么是真正的悲呢?目前的社会中许多人都在倡导爱心,提倡救人济世,但是进一步探究,发现其形式与内容,往往是由上对下,由有对无,由富对穷,由大对小,就整体而言,仍有不够彻底,不够普遍的缺失。

佛教的慈悲之所以崇高伟大,是希望人人都来做同体的慈悲人,即我对你慈悲,不是因为我尊你卑、我有你无、我富你穷、我大你小,而是基于万物一体、自他不二的理念来奉行"无缘大慈,同体大悲"的平等思想。像佛教里比丘护鹅、割肉喂鹰、龙身喂蚁、贫女一灯等故事中的主人翁,他们并没有顾到自己能力的多寡,只是一心想要对方好,甚至为了照亮一切众生,不惜奉献生命财物;而睒子的爱护大地、林逋的梅妻鹤子,更是将自己融入山河万物之中,不见慈悲之相了。

佛经云:"有情无情,同圆种智。"佛光会员应该做一个同体的慈悲人,以平等无我的精神,将慈悲普及于一切。

二、做一个共生的地球人

成立佛光会的目的,不只是佛教徒帮助佛教徒、本国人帮助本国人而已,我们要大其心、厚其德,做一个与天地万物共生的地球人。所谓"共生的地球人",就是要认知大家共同生存在一个地球的事实,所以唯有彼此包容、互助合作,才能共存共荣。记得四十年前我从大陆来到台湾,本地人一直都称我为外省人;1989年,我回到故乡扬州,大陆同胞却说我是台湾来的和尚,我突然迷惑起来:"我究竟是哪里人呢?"后来,我又到大洋洲、美洲、欧洲、俄罗斯等地云游弘法,我发觉虽然自己不是金发碧眼,但是只要我能随遇而安、尊重对方,无论天涯海角、东西南北,哪里不是我的家乡?于是,我立志做一个地球人。

这个世界上,国与国之间战争不断,人与人之间党同伐异,都是因为大家不能体会"同体共生"的真理,所以乱相丛生,永无安宁。佛光人以普利群生为己志,首先应该扩大自己的胸襟,做一个共生的地球人。

三、做一个明理的智慧人

知识发达、物质丰富之后,现代人的精神生活不但未见提升,反而经常在焦虑、忧愁中翻云覆雨,最根本的原因就在于自己不明事理,甚至被外在的知识困惑成"痴"。由于心头常被无明乌云覆盖,不能显发清净自在的般若智慧,自然痛苦连连。但是"公说公有理,婆说婆有理",什么才是真正的理呢?真理并不是基于某一个人的主张,而应该具有平等性、普遍性、必然性,必须经由大家来共同认定。三藏十二部经阐述了许多世间的真理,但毕竟是标月之指,我们必须起观修行,才能领悟世间的实相。《坛经》云:"一切般若智,皆从自性而生,不从外入。"所以,要做一个明理的智慧人,不但必须勤读经典,更重要的是,要思维法义,如理实践,反观自照。

目前社会提倡慈善救济固然很好,但是并不能根本解决人类的痛苦,如何培养社会大众有明理的智慧,才是当务之急,希望佛光会员对此能有深刻的认识,并且提出办法积极改善。

四、做一个有力的忍耐人

现在的青年由于没有受过苦难的磨练,大都心性脆弱,别人的一句话,一个眼色,都足以难过几天,甚至吃不下饭、睡不着觉。我们佛光会员要面对群众、弘扬佛法,要深入社会、广度有情,必定会遇到各种境界，最迫切需要的，就是培养忍耐的力量。

忍耐并不只是骂不还口、打不还手，这都是消极的忍耐，我们要进一步做到忍寒、忍饿、忍劳、忍怨、忍衰、忍谤、忍苦，甚至忍利、忍名、忍乐、忍称。古来的祖师大德，像玄奘大师、密勒日巴尊者为求真理，忍人所不能忍；鉴真大师、鸠摩罗什为弘法度众，行人所不能行，由于他们能忍受一切好、坏境界，所以为佛教开创远大的未来。古今中外的圣贤豪杰们，杀身成仁，舍生取义，更是将忍耐的真谛发挥到极致。

反观现代人为一己之私，逞匹夫之勇，耍狠斗乱，但是一旦拳头伸出来，力量就瓦解崩溃了；一旦怒气发出来，弱点也就暴露无遗了。佛光人不同俗流，我们要效法前贤，为佛教、众生做一个有力的忍耐人。

五、做一个施舍的结缘人

佛陀曾告诉等行菩萨："若菩萨能代一切众生受诸苦恼，亦复能舍一切福事与诸众生，是名菩萨。"我们要上弘下化，除了做一个有力的忍耐人之外，也要做一个施舍的结缘人。

佛教最强调"广结善缘"，我觉得世间没有比这四个字更美好的了。虽然现代科技一日千里，交通便利、信息发达，使整个世界俨然是一个"地球村"，但是由于人与人之间缺乏沟通了解，所以依旧纷争不断，祸乱层出。解决之道，就是大家都来做施舍的结缘人，借着喜舍布施，将彼此的关系拉近。

一般人说到施舍，总是想到金钱、物质方面的给予，其实佛教的布施结缘并不限于财物的供给，我们的一举手、一投足、一个微笑、一声招呼，只要是发自内心的真诚，让对方产生信心、欢喜的，都是施舍的内容。佛经云："一切供养中，法供养第一。"在诸种施舍当中，劝勉向上、慰苦分忧能使人振奋精神，受益无穷，尤其是佛法的开示、经文的解说能济三世之苦，最为究竟。所以佛光人要做一个处处施舍、供养佛法的结缘人。

六、做一个清净的修道人

《般泥洹经》云："譬如溪水清，其中沙砾青黄白黑，所有皆见。得道之人，但心清故，所视悉见。欲得道者，当净其中。如水浑浊，则无所见，持心不净，不得度世。"清净身心，是悟得道果、自利利他的首要步骤。

佛教经常以"莲花"作为标帜，目的就在取其清净芳洁的象征，提醒佛子们应在浊世中净化自己。《大宝积经》说："譬如高原陆地不生莲花，菩萨亦复如是，于无为中不生佛法。譬如卑湿淤泥中，乃生莲花，菩萨亦尔，生死淤泥、邪定众生，能生佛法。"因此，"清净"不是离世避俗，另觅净地，而是在烦恼中净化自己。尽管世间浊秽不已，只要我们自己是一颗清净的种子，就能以尘劳为滋养，绽放莲蕾，散播芳香。

过去政府经常表扬一些从事慈善救济的宗教团体，这固然无可厚非，但如果一味鼓励宗教团体做慈善事业，那么宗教团体和一般社会团体有什么不同？宗教的价值是在信仰、教育，在净化社会、匡正人心，并非只有捐献的价值。我们佛光人应以清净的修道人自许，积极从事教育、文化方面的事业，向深处扎根，向广处延伸，带动社会大众共同建立佛光净土。

七、做一个欢喜的快乐人

过去的佛教徒一味讲"苦",让一些有心入门的人望而生畏,裹足不前。其实,佛教讲苦,是为了让大家正视苦的现象,从而求取快乐的方法。像佛陀虽然早已悟道,但为了"示教利喜",降诞世间;而观世音菩萨之所以倒驾慈航,回入娑婆,也是为了"拔苦与乐",可见"欢喜"才是佛教的本质,"快乐"才是学佛的目的。因此我们要效法诸佛菩萨的慈心悲愿,将欢喜的种子散播到世间每一个角落。

我们的会员,有的到孤儿院服务,有的到老人院奉献,有的在医院当义工照顾病患,有的做爱心妈妈抚养幼儿,有的加入你丢我捡的行列,有的致力于扫街种树,有的在监狱里布教说法,有的到戒毒所辅导戒毒人员,有的做不请之友到处结缘……这些都是为了给人欢喜。

说到给人欢喜,必须自己先欢喜,否则有如饥者施食,无有是处。佛光会员想要做一个欢喜的快乐人,必须凡事往好处想,往大处想,往远处想,往光明面想,希望大家都能拥有欢喜的生活、欢喜的家庭、欢喜的事业、欢喜的人际关系,让世间每一个人都成为欢喜的快乐人。

八、做一个融和的佛光人

我们想要达到世界和平,必须先重视融和,不但应该做到男女老少融和、贫富贵贱融和、士农工商融和、国家种族融和,甚至应打破种种藩篱,让宗教与宗教之间融和起来。尤其是我们佛教,更应该以身作则，谋求禅宗与净土融和、显教与密教融和、南传与北传融和、传统与现代融和。我们佛光会员要弘扬佛法，必须把佛法与文学融和起来，把佛法与艺术融和起来，把佛法与生活融和起来，把佛法与科技融和起来，甚至把佛法与世间的各行各业融和起来，唯有融和，才能佛光永普照，唯有融和，才能法水永流长。

国际佛光会不属于某一个宗派、某一个寺院，也不属于某一个人，它是一个国际性的团体，我希望各位佛光会员也应该具备宏远的世界观，做一个同体的慈悲人，做一个共生的地球人，做一个明理的智慧人，做一个有力的忍耐人，做一个施舍的结缘人，做一个清净的修道人，做一个欢喜的快乐人，做一个融和的佛光人。

怎样发展佛光会

希望大家做一个好会员。
希望大家做一个好义工。
希望大家做一个好记者。
希望大家做一个好干部。

古德曾说:"人定胜天。"又说:"天时不如地利,地利不如人和。"任何一个事业组织都是众缘和合而成,但论及发展,则首重其成员的良窳,佛光会当然也不能例外。所以我们应当如何发展佛光会?下面是我对各位会员的期望。

一、希望大家做一个好会员

一个好会员除了要缴付会费,以充实本会弘法利生的力量之外,还要积极参与本会举办的各种活动,借此开发潜能,广结人缘,增进办事效率,同时接引更多新会员,发扬本会佛光普照的宗旨。

此外,身为一个好会员应该发挥佛光人的特色,将佛法运用在日常生活中,敬上慈下,夫妻相敬,创造幸福美满的家庭生活;在个人工作岗位上尽忠职守,精进不懈;在社区里,敦亲睦邻,排难解纷;公余之暇,研习佛法,吸收新知;日常修持时,不断反省、忏悔、发愿、回向。以此精益求精的态度向前迈进,不只个人生活达观法喜,也能带动亲朋好友学佛,对于会务的推展大有帮助。希望大家不仅要以佛光会为荣,更进一步要有荣耀佛光会的心。

二、希望大家做一个好义工

所谓"义工",就是义务做事,不求报偿的人。释迦牟尼佛本于无数尘沙劫前证悟成道,但为了示教利喜,再入娑婆弘法利生,是宇宙中最伟大的义工;观世音菩萨游诸国土,二六时中,寻声救苦,是世界上最勤奋的义工。佛光会成立多年来,秉承诸佛菩萨慈悲喜舍的胸怀,深入社会,提供各种辅导弘化,或至监狱弘法布教,或至学校倡导戒毒;抱持"人饥己饥,人溺己溺"的精神,深入山野施诊医疗,勇赴灾区抚恤难民;本着同体共生的理念,响应环保运动,在烈日曝晒下扫街植树,在风雨交加下回收废纸;揭橥净化人心的目标,举办活动,福慧双修。

佛光会的活动提供大家来当义工,佛光会的理想需要各位会员具有义工的发心精神来共同完成。希望大家能发挥见"义"勇为的菩萨性格,让世界更臻美好,这就是佛光会员理想的义工形象。

三、希望大家做一个好记者

这是一个信息的时代,透过各种传播工具,大家可以共享佛光会普利世间的成果。例如阅读《佛光世纪》可以增进彼此了解;借着佛光录音带和佛光会手册,能使社会大众认识佛光会的精神和意义。在此希望人人都自许为佛光记者,在日常生活中,见到佛光会的好人好事,或自撰文稿,或口述宣扬,或邀请记者采访,发表于佛光会的刊物及其他报章、杂志、电视、电台等传播媒体，并且自动提供现代因果、人间传奇及前瞻性、启发性的文章故事、戏剧音乐等，让大家共同欣赏。让我们训练自己成为一个好记者，搭建佛光的桥梁，一起携手为社会作出巨大的贡献。

四、希望大家做一个好干部

在佛光会，发心、热忱、有理想、勇于承担的会员，往往进一步被推选为分会或协会的组长、秘书、副会长、会长，甚至督导、督导长等职务，负起指导会务、指导会员的重任。也许有些人会说："我不想当领导人。"但是，时间会推动大众成长，历史会推动大众向前，如果我们苟且偷安，画地为牢，将何以模范后学，开展会务？所以即使是新加入佛光会的会员，也应该以学习担任干部的心情参与其中。

什么是优良干部的条件呢？一个称职、受欢迎的干部必定懂得以身作则，勇于任事，并且懂得提拔人才，运用集体的智慧与大众的经验，策划各种有意义的活动，将佛光会济世利民的理念发扬光大，普及社会每一个层面。

怎样发展佛光会？我希望大家做一个好会员，人人发光发热；做一个好义工，开发内心的能源；做一个好记者，发现、记录佛光会及社会上的善人美事；做一个好干部，推动佛光会的成长。让我们一起各展所长，将自己化为人间的一股暖流，为人们带来温馨和乐，为国家带来富强安乐。

佛光会员需要做到什么

佛光会员需要团结。
佛光会员需要统一。
佛光会员需要动员。
佛光会员需要融和。

记得1992年12月，我在香港红磡体育馆主持了三天的佛学讲座，从无数观众的眼睛里，我看到了大家对佛法的热烈渴求，不禁让我想到，佛教究竟需要些什么？当然，这也是佛光会员都需要做到的。

一、佛光会员需要团结

记得幼年时，我曾听大醒法师说过这么一句话："佛教只要有十个出家人团结起来，就会有办法了！"现在，佛教的兴隆不但寄望十个出家人团结，更需要全球佛光人团结在一起。我们的佛光会员不但要和个别的出家众团结，也要和出家众的各宗各派团结；不但要促进显密佛教间的团结，也要促进南北传佛教间的团结，佛光会员要和所有的佛教僧众团结在一起。

从前，佛教太分散了，因此无法将力量凝聚起来，现在我们要在一个佛陀的信仰之下,在一个佛光的照耀之下,统一步伐、集中力量。佛光会员应该团结起来护持三宝,团结起来兴隆佛教,团结起来创办佛教事业,团结起来宣扬佛法妙谛。

我们不但要自我健全,更要让佛教团结起来,靠团结来奋斗,靠团结来展现力量,靠团结来建设净土。唯有团结,佛教才有璀灿的前途!

二、佛光会员需要统一

目前,佛教没有比"统一"更重要的事了。佛教的僧装五颜六色,佛教的称呼各种不一,佛教的礼仪任意编造。过去中国禅宗尽管有五家七宗,但是钟板号令都有统一的制度;尽管各有清规戒律,但是各宗各派都有统一的宗风。由于统一,禅宗在隋唐时代得以大放异彩!所以我们今后佛教印刷发行的经书应该统一,早晚课诵的内容应该统一,喜丧婚庆的仪式应该统一,寺院建筑的式样应该统一,禅净忏仪的规则应该统一,殿堂供奉的本尊应该统一,称谓头衔的礼貌应该统一,僧侣层次的资格应该统一,甚至信徒家庭佛堂的布置应该统一,在家信徒修持的章则也应该统一。

我们佛光会员要在一个教主佛陀的感召之下统一,在一个人间佛教的信仰之下统一,在一个佛光会的理念之下统一,在一个慈悲喜舍的原则之下统一。佛教能够统一,就有办法。

三、佛光会员需要动员

在1992年10月的《佛光世纪》中,我曾说过:"佛光会的发展要靠活动的加强,因为有活动才有生气,有活动才有力量。"虽然全球的佛光会成立至今未及三年，但是由于大家能通力合作，动员自己的发心、动员家庭的力量、动员社会的资源、动员十方的因缘，举办了献血救人、亲子教育、环保扫街、朝山参学等活动，不但赢得社会大众的认同，也赢得各国政府的肯定。

今后我们佛光会员应该更进一步，动员起来研究佛法，考取檀讲师、檀教师和檀导师；动员起来加强修持；动员起来参与公益活动；动员起来护持三宝；动员起来参访联谊。我们要动员佛化家庭，动员佛化社会，动员发展佛光会务，乃至动员共创佛光净土。

四、佛光会员需要融和

在1992年5月国际佛光会世界总会成立大会暨第一届会员代表大会中，我们揭橥"欢喜与融和"为大会主题，目的在借此呼吁所有会员以欢喜来自利利他、共存共荣，尤其还要注重融和，我们要用融和团结佛教的力量，用融和统一佛教的仪制，用融和动员佛教的僧俗，用融和将欢喜遍满人间。

融和，实在是太重要了。我们的家庭成员需要融和、社会群我需要融和、士农工商需要融和、黄红黑白民族需要融和，尽管我们的性情、习俗、职业、人种、肤色都有所不同，但是我们的信仰、目标都是融和一致的，我们应该不分种族、国家，彼此尊重融和。

所以，我希望大家今后要以融和的雅量，尊重教界长老；以融和的雅量，尊重佛门各派；以融和的雅量，尊重异己他人；以融和的雅量，尊重全球人类。唯其如此，佛教才有希望，世界才能有美好的未来！

我们要时时以团结、统一、动员、融和互相勉励，让我们共同携手努力，迈步向前，将佛法的种子遍洒世间，以期不久的将来，全球五大洲到处都能盛开美丽芬芳的花朵，结出丰硕累累的果实。

如何增加会员

广作宣传,让人了解。
举办座谈,增加沟通。
主动争取,家庭普照。
扩大服务,利乐领导。

　　会员是佛光会的资源,会员是佛光会的种子,有会员才有活动,有会员才能将佛法传播得更广。会员既然是如此重要,应该如何增加会员呢？这里我谨提供几点意见供各位参考。

一、广作宣传,让人了解

　　佛法流传于世已达2600年,然而还有许多人对佛教并不了解,这固然是因为身负弘法重任的佛子没有善巧方便,令其知之,"为善不欲人知"的观念深入人心,也是重要的因素之一。

　　其实,只要心中无名,实至名归,外在的盛名只是作为弘法利生之用,也没有什么不好。2600年前,佛陀就非常重视宣传的功能,不但强调四句偈的功德无量无边,而且"经常出广长舌相,遍覆三千大千世界",期使四生九有都能了解真理,同沾法益。每部经文的"流通分"中,佛陀也殷殷嘱咐诸大菩萨"广宣是经,依愿流布"。由于诸佛菩萨的耐心倡导,所以百千劫中,接引无数众生趣入正法。

佛光会自成立以来,所推出的各种活动都是提升心灵建设、利益社会大众的善行,如果能广为宣传,让人了解,必定可以增添许多生力军加入我们的行列,共同为弘法利生而努力。

二、举办座谈,增加沟通

佛陀不但懂得宣传,更了解人性,从经典中,我们可以得知许多法筵盛会都是以座谈方式举行,由诸大菩萨与佛陀互相问答的内容作为主干,所以过程生动有趣,吸引力强。尤其身处现代开放的民主社会,尽管自己的主张正确无误,一味要求别人听从,不但不能引起对方的兴趣,也不合乎时代的潮流。我们应当从倾听别人的诉说里了解对方的需要,从彼此讨论中交换意见,达成共识,乃至从座谈对话中破邪显正,度化群迷。

柏林围墙的拆除,是东德、西德互相交流的结果;以色列、巴勒斯坦之间和谈成功,也必须经过双方多少次的会面协商。一国政令的颁布、公司行号的策略制定,需要经过开会决议,亲眷、朋友之间的意见相左,也必须透过沟通才能解决。

佛光会是一个讲求效率的现代化佛教组织,若能经常举行座谈会,与社会各界联络情谊,并且借着讨论,让大家具体了解佛光会的宗旨、目标、制度、会务,相信对于巩固旧会员,增添新会员都能有实质的帮助。

三、主动争取,家庭普照

以往想要听经闻法,都要跋山涉水,千里迢迢到深山古刹里专程请益。如今遍布全球各地的佛光会设有"家庭普照"项目,会员们应该多多利用,邀请理监事、督导长、督导、会长、檀讲师、檀教师、檀导师等前往主持,并且集合其他会员及亲朋好友们同来聚会,大家在"家庭普照"的时候,不但可以谈论佛理、请益法要,而且可以诵经祈福、联络友谊、交换信息、讲解佛光会的内容。这样一来,不但增进会友们的信心道念,也能使在场的亲友们认识佛法的妙用,了解佛光会的好处,吸收潜在的会员入会,可谓一举两得。

借着家庭普照,佛光会一定能赢得更多的支持,希望大家主动争取。

四、扩大服务,利乐领导

2 600年前,佛陀与弟子们借着托钵行脚,深入社会,了解民瘼,说法利众,造成佛法在印度风行一时。数百年后,佛教又在中国的盛唐时期绽开奇葩,究其缘由,除了译经事业发达、法师四处讲学之外,教界重视社会福利事业更是佛教受到欢迎的主要原因,当时的寺院或架桥铺路,或济贫施食,或开凿水运,或植树环保,或给助舟车,或融通钱财,或营建仓库,或兴办义学,这些对纾解民困、安定社会均有莫大的帮助,自然赢得朝野一致的赞扬。佛经云:"欲做佛门龙象,先做众生马牛。"实是不虚之言!

佛光会想要兴隆圣教,普济社会,必须远绍教主佛陀示教利喜的悲心,上承高僧大德喜舍奉献的精神,先具备服务大众的发心与领导群伦的愿行。因此,对于有益于社会福祉的事业,我们一向乐于参与,甚至主动发起。历年来的爱心妈妈服务、急难救助服务、友爱服务、环保服务、医院服务、义诊服务、赈灾服务、移民服务、考生服务、交通服务、职业服务等等，已使佛光会在短期间内获得社会大众的肯定。但我们不能因此而自满，为利乐更多的众生，各位会员们应该扩大服务范围，举凡小区、家庭、学校、团体的公益活动、旅行参学、婚丧喜庆，乃至心理咨询等，都应该热心支持，善巧引导。我们以身体力行来实践佛光会的信条，就是号召新会员的最佳方式。

希望大家敞开胸怀，张开双臂，迎接更多新会员的加入，让佛光会净化社会的力量更加茁壮，让佛光会建设人间净土的目标早日达成。

接引会员参加的办法

以爱语慰勉对方。
以喜舍乐助他人。
以利行服务大众。
以同事结交朋友。

佛光会的基本力量来自会员,所谓"积土成山,滴水成河",增加会员才能使佛光会的力量更茁壮,阵容更庞大。我们在各地成立协会,应该如何吸收更多的会员?在此我建议各位奉行佛教的"四摄法":

一、以爱语慰勉对方

语言是传达意见的工具,使用得宜,能润滑情谊,缔结善缘,而一旦使用不当,就会变成伤人的利器,甚至造成是非纷争,祸患无穷。

佛经云:"远离粗言,自害害彼,彼此俱害。修习善语,自利利人,彼我兼利。"如果我们出言吐语处处都以爱护对方为出发点,自然就能吸引别人。像归宗禅师的一句"善自珍重",让苦不开悟的弟子认识自我;良宽禅师的软语慰勉,让不务正业的外甥奋发向上；仙崖禅师的幽默譬喻，让互相指责的夫妇和好如初；空也禅师的慈悲说法，让凶神恶煞的盗匪洗心革面。所以，我们要学习说赞美性的言语，使人欢喜；说建设性的言语，使人成长；说鼓励性的言语，给人信心；说关怀性的言语，给人希望。总之，我们想要吸收有志一同的人士共同参与佛光会的弘法行列，首先要以身作则，用爱语来温暖人间。

二、以喜舍乐助他人

所谓"舍得"，有舍，才会有得。没有播种、耕耘，怎么会有丰硕的收成呢？因此我们想要广增会员，必须先实践欢喜的布施。上古时代的神农、伏羲耐烦教人种植、取火，所以相继被九州岛黎民尊之为共主；战国时代的孟尝君以慈心济助穷者，所以三千食客投入门下，甘心为他效命；春秋时代的管仲因为鲍叔牙的大力荐举，幸免一死，不动干戈，而能九合诸侯，一匡天下，使布衣百姓得以休养生息；盛唐时代的惠能大师由于安道诚的慷慨捐资，远至弘忍大师座下求道，终于开悟见性，佛门也喜添一位龙象大德。可见喜舍不但能广结善缘，有时候一个小小的布施，造就一个伟大的人才，对于社会人群的卓著贡献，实不能等闲视之。

除了给人钱财物质上的赞助，给人心灵精神上的慰藉，给人知识技术上的传授，给人事业工作上的助缘以外，像一个点头、一丝微笑、一声问好、一句关怀，都是喜舍的行为。

此外，喜舍也不必刻意寻求对象，随口的布施、随手的布施、随意的布施，都是我们随时随处在日常生活中很容易成就的功德。

身为佛光人，不要只想接受，具备喜舍的性格，不但表示自己富有,也是广度众生的良方。

三、以利行服务大众

大乘菩萨道,一言以蔽之,就是以利行服务大众。像阿弥陀佛的三根普被、释迦文佛的示教利喜、观音菩萨的慈悲普度、势至菩萨的大喜大舍、地藏菩萨的地狱救苦、普贤菩萨的恒顺众生,都是利行的最佳典范。正因为诸佛菩萨不辞辛劳,不望回报,接引各种众生进入佛道,所以也赢得了世人的普遍尊敬。

在我们的周围,有些人在家庭里,希望有厚道的邻居;有些人在生活上,希望多一点助缘;有些人在事业上,希望别人的指导;有些人在心理上,希望有人给他鼓舞……我们能以服务大众的精神,尽己所能,满人所愿,利济有情,自然就能吸引社会上各阶层的精英,让他们认同佛光会的理想,进而加入我们的队伍,共同为造福世界而努力奋斗。

四、以同事结交朋友

母亲为引导幼儿吃饭,当汤匙伸出去的时候,自己也张开口;父亲为与子女打成一片,不惜趴在地上,以身当马,一起玩耍,这些都是"同事"的原理。所以,"同事"就是能够设身处地,为对方着想。

既盲又聋的海伦·凯勒原本性情乖戾,在老师的同事吸引下,成为伟大的教育家及演说家;窥基大师原本性好酒色,在玄奘大师的同事吸引下,忏悔前愆,后来成为三藏大师。此外,挑水禅师在乞丐堆里参禅行道,悦西禅师在青楼妓院领众熏修……乃至佛陀的十二分教、八万四千法门，全都是为了要同事摄受众生，以期共登法界，证悟菩提。

我们追随古圣先贤的脚步，除了遍学法门之外，更要观机逗教，将所有的众生都视为我们的菩提道友。见到军人时，讲军人的法；见到老师时，讲老师的法；见到妇女时，讲妇女的法；见到儿童时，讲儿童的法……尤其身处在多元化的社会中，我们要多为他人着想，多迁就别人、体谅别人、维护别人，这样才能结交各阶层、各行业的朋友，吸引他们同来学佛。

所谓："一木难支，众擎易举。""孤军必败，众志成城。"佛光会虽然有远大的目标，但需要众多会员共襄盛举，需要各种人才擘画实行，才足以达成崇高的理想，所以我今天在这里提出"四摄法门"——以爱语慰勉对方、以喜舍乐助他人、以利行服务大众、以同事结交朋友，希望大家以此来吸收更多的会员，增加佛光会的力量，促进佛光会的进步。

佛光会员的四好

佛光会员要存心好。
佛光会员要说话好。
佛光会员要行事好。
佛光会员要做人好。

每一个组织团体对于会员有不同的要求，有的希望会员为人练达，能为组织募集更多的资源；有的希望会员做事能干，能促进组织的发展扩充；有的希望会员积极进取，能为组织带来蓬勃朝气；有的希望会员善于筹划，能使组织日益壮大。国际佛光会对于所有会员有什么样的期许呢？《七佛通戒偈》云："诸恶莫作，众善奉行，自净其意，是诸佛教。"佛光会秉持佛教理念服务大众，我们认为一个优秀的佛光会员应该具备下列条件：

一、佛光会员要存心好

佛陀曾说："一切壮无过于心，心是怨家，常欺误人。心取地狱，心取饿鬼，心取畜生，心取天人。作形貌者，皆心所为。能伏心为道者，其力最多。吾与心斗，其劫无数，今乃得佛，独步三界，皆心所为。"我们的心如同国王，具有无上的权力，能统帅行权，然而一旦被客尘所惑,任凭烦恼魔军指使六根造作诸业,则念念之间,六趣轮回,甚至倒行逆施,导致社会不安。我们学佛修行,应该立志做一个能征服魔军的统领,以信仰、道德、慈悲、戒律、忍耐、禅定作为护身盔甲,战胜贪瞋愚痴,长养善法功德,建设人间净土。

二、佛光会员要说话好

佛教里要人戒除的十恶当中,身犯的恶行有杀、盗、淫三事,心犯的恶事有贪、瞋、痴三念,而口犯的两舌、恶口、妄言、绮语却占了四项,可见口业的过失比身心造业还要来得快、来得多。佛经云:"人心是毒根,口为祸之门,心念而口言,身受其罪殃。""谛观一切扰扰纭纭,但争咽喉不急之事,祸从口出,千殃万罪,还自缠绕。"心念固然变化迅速,但嘴巴最容易造罪惹祸。翻开历史,世间上多少善缘美事因为一句话而破坏殆尽,多少忠臣良将因为一句话而惨遭陷害,再看看当今社会,多少斗乱纷争也往往是由于人们逞一时口舌之快所造成。佛陀曾说:"口诵佛名如吐珠玉,口宣教化如放光明,口谈无信如嚼木屑,口好戏谑如掉刀剑,口道秽语如流蛆虫,口说善事如喷清香,口语诚实如舒布帛,口言欺诈如蒙陷阱,口出恶气如闻臭味。"这九种譬喻贴切地描绘出口业的得失,值得我们引以为戒。

在日常生活中,言语是我们人际和谐、事业成败的关键,在传教使命上,言语是我们弘扬佛法、广度众生的利器,所以佛光会员们尤应养成说好话的习惯,常常赞美三宝,称扬善事,解忧慰苦,劝勉向上,并且随时记住:口边就是功德,口边就是道路,口边就是方便,口边就是结缘。

三、佛光会员要行事好

自古以来,佛教各种法门、各个宗派均注重实践,不尚空言。《六度集经》云:"夫有言无行,犹膏以明自贼,斯小人之智也。言行相扶,明犹日月,含怀众生,成济万物,斯大人之明也。行者是地,万物所由生矣。"一个真正的佛子不但要说话好,也要行事好。好事的种类很多,如出钱布施、排难解纷、济贫救苦、修桥铺路、施灯施茶、捐赠器官……都是好事,但我觉得最好的事莫过于来做佛光会的义工,因为佛光会不但善加统筹佛教各项资源,有计划地以文教、慈善各种方式弘法利生,而且也是大乘菩萨的修行学处。佛光会员抱持服务奉献的精神,跟随佛光会的脚步,或爱护环保,或领养公园,或义诊施药,或倡导反毒,或捡收废纸,或关怀残障,或宣扬法义,或展览文艺……这些好事不但能够净化自己的烦恼,扩大自己的胸怀,长养自己的福慧,庄严自己的世界,而且可以美化社会,报效国家,裨益人群,造福世界。

所谓"好事不怕多",希望各位会员们能为自己规划有意义的生活方式,每周至少抽出半天时间,参与佛光会的活动,为道场、为佛教、为社会,为人群献身服务!

四、佛光会员要做人好

学佛修行,首先须学做人,否则人道有亏,如何奢言佛道?所以身为佛光会员最重要的就是要将人做好。

如何才能将人做好呢?佛陀说:"世上有五种非人,即应笑而不笑,应喜而不喜,应慈而不慈,闻恶而不改,闻善而不乐。"孟子也说:"无恻隐之心,无羞恶之心,无辞让之心,无是非之心者,都是非人。"比照之下,圣贤所见,并无二致,可见随喜结缘,慈悲应世,改过向上,与人为善,见义勇为,谦下忍让……都是做人应有的修行。

十方诸佛都是从人道证悟佛果,因为十法界中,唯有人道才可以"整心虑,趣菩提"。将人做好,成佛也就不远了。憨山大师说:"佛法以人道为磁基,人道以佛法为究竟。"希望佛光会员都能秉持佛陀的本怀,在生活落实佛法,从人间趣入菩提。

各位会员如果都能时时存心好,常常说话好,处处行事好,个个做人好,必定能为自己留下光辉的历史,为本会留下不朽的事业。

参加佛光会的利益

联络感情,结交朋友。
广学多闻,增加见识。
拓展事业,广结善缘。
喜庆祝福,丧葬助缘。
佛化传承,全家受益。
子女教育,多有帮助。
旅游世界,到处善缘。
参加活动,净化身心。
发心行善,必得好果。
佛法共修,宁静致远。
听经闻法,福慧双增。
今日一会,无限时空。

当我们发展会务,吸收新会员时,经常听到这样的问话:"我参加佛光会有什么利益呢?"不知道佛光会的干部能否向新会员作一番具体的说明?

其实,参加佛光会就是利益!因为佛光会是一个国际性的宗教组织,不同于一般社会团体,佛光会的功能是文化的、教育的、慈善的、修持的,它的性质是人间的、救世的、服务的、结缘的……只要加入我们的行列,就能和全世界的佛光人联系交流,获得宝贵的信息及崭新的知识。现在我来告诉大家,参加佛光会至少有下列十二点利益。

一、联络感情,结交朋友

俗话说:"在家靠父母,出门靠朋友。"广交善友能使我们增品进德,事业有成。佛光会经常举行各项会议、活动,会员们可以借此认识不同类型的朋友,结交各个阶层的人士,挖掘有才有德的精英,并且与世界各地的佛光人联络情谊,交换心得。

二、广学多闻,增加见识

佛光会经常在各地举办读书会、禅坐会、念佛会、青年会、座谈会、佛学研讨会、檀讲师讲习会、干部讲习会、财务讲习会、文宣讲习会、活动策划讲习会等等,会员们可视自己的职务、兴趣,自由报名参加,借此增进自己的知识,提升自己的能力。

三、拓展事业,广结善缘

人,结的善缘越多,在人生道路上的助力也就越大,尤其随着科技的进步、交通的发达,单打独斗的时代已经过去,现在社会上的各行各业都必须靠"集体创作"才能成功。参加佛光会,我们可以和世界各地的会友同道互通讯息,彼此合作,开拓事业。

四、喜庆祝福,丧葬助缘

以佛法来协助人的一生,是佛光会创设的宗旨,因此像佛化婚礼、寿诞喜宴、吉宅落成、佛像安座等喜庆祝福,或卧病住院、紧急灾难、临终助念、往生超荐等慰苦事宜,佛光会员们都有义务彼此关怀,互相帮助。

五、佛化传承，全家受益

所谓"积善之家必有余庆"，在人间建设佛化家庭，向来是佛光会努力的方向，所以成立多年来，我们不但针对各个年龄层，举办各种活动，更积极地实施"家庭普照"，让合家大小都能得到法雨的滋润。我们相信如果每一个家庭都能奉行佛法，将真理的明灯分盏繁衍，代代相传，世界和平将是指日可待之事。

六、子女教育，多有帮助

俗话说："传子万贯家财，不如一技在身。"这句话说明子女教育的重要性。子女们唯有从小领受正当的教育，将来才能立足社会，奉献人群。有鉴于此，佛光会在各地成立技艺班、语言中心，举办青少年夏令营，优秀青少年选拔，让会员的子女可以学习技能知识，培养正确观念，拓展人际关系，学习社交礼仪，乃至留学在外，都能得到会友的关怀、帮助。

七、旅游世界，到处善缘

"来时欢迎，去时相送"是佛光会员的基本信条，因此散居各地的佛光会员如同我们的芳邻，无论我们旅行至全球哪一个角落，只要一通电话，就能享受各地会友的殷勤接待，使我们处处都能感受到天涯若比邻的温馨。

八、参加活动，净化身心

身心是我们一生当中最亲近相知的朋友，但人们往往不知爱惜，以致身心成为藏污纳垢的根源，产生种种烦恼，造下种种恶业。佛光会各协分会经常举办读书会、寺院参访、素食品尝、亲子联谊等活动，会员们可以借此净化身心，荡涤尘劳。

九、发心行善，必得好果

佛经云："众善应可爱，如父复如母；美体善安然，能离于喧争。美善人天喜，美善增勤勇，美善眷属多，美善三涂离。美善息诸恶，美善离烦恼，能弃语过非，应修诸众善。"行善得善是宇宙人生的真理法则。佛光会秉持觉世牖民、慈悲济世的宗旨发展会务，参加佛光会的会员有更多的机会服务大众、奉献社会，必定会得到许多助缘、善报。

十、佛法共修，宁静致远

生活在忙碌、紧张、动荡、纷乱的今日台湾社会里，焦虑、浮躁成为现代人的通病。佛光会员可以成群组队到隶属佛光会的寺院道场，参加朝山、拜忏、念佛会、禅坐会等法会活动，不但能受到亲切的招待，更得以借着大众修持的力量，锻炼意志，澄清思虑。

十一、听经闻法，福慧双增

佛经中说，受持佛法四句偈的功德，胜过三千大千世界七宝布施。又说："以闻、思、修，入三摩地。"参加佛光会能让我们经常有机会听经闻法、身体力行，增长我们的般若智慧，培植我们的福德因缘。

十二、今日一会，无限时空

参加佛光会不但拓展我们的学习空间，扩大我们的无边眼界，而且能让我们发掘心中永恒的宝藏，体证生命无限的时空。

只要您来参加佛光会，就能享有联络感情，结交朋友；广学多闻，增加见识；拓展事业，广结善缘；喜庆祝福，丧葬助缘；佛化传承，全家受益；子女教育，多有帮助；旅游世界，到处善缘；参加活动，净化身心；发心行善，必得好果；佛法共修，宁静致远；听经闻法，福慧双增；今日一会，无限时空等无穷无尽的利益。祝福大家在佛光的普照下，拥有幸福美满的人生。

举办活动的意义

举办活动有学习的功能。
举办活动有扩大的功能。
举办活动有联谊的功能。
举办活动有成就的功能。

人,经常运动,能增强体魄;水,经常流动,能常保洁净。同样,一个团体如果能经常举办活动,必定能充满服务的干劲。

目睹国际佛光会在会员大众的努力下,各地协、分会纷纷成立,我心中的欢喜真非笔墨所能够形容,但不知道大家是否经常举办一些有益身心、服务社会的活动?本会的发展固然要靠信仰的凝聚,更需要靠各种活动来充实内涵,因为有活动才有生命,有活动才有力量。

从加拿大多伦多协会举办的书法、国画、插花、素食、烹饪等技艺训练,可以让人感受到全会充满了蓬勃朝气;巴西协会举办的南美洲弘法团不但把佛法弘扬到阿根廷、巴拉圭等地,更在各个大学举办佛学讲座,甚至与天主教联合举办祈福法会,带动当地人士对佛教向往的热潮;香港协会举办的家庭运动会内容多彩多姿,受到广大群众的欢迎;中华总会自成立以来,更是举办了一系列轰轰烈烈的活动,像"净化人心运动"在全省蔚为风气,为建设佛光大学所举办的各种筹募活动也引起佛教徒对文教事业的重视,其他如施诊献血、环保扫街、朝山参学、慰问贫苦等,每一项活动都充满了爱心、热心,让受益者倍觉温馨、感动。所以,在此我要告诉各位,办活动具有什么意义?

一、举办活动有学习的功能

随着科技文明的日新月异及交通工具的日益发达,现在已非过去"秀才不出门,能知天下事"的时代,我们必须从群我和谐中,加快学习的脚步。其中举办活动可说是最佳的学习方式之一。因为办活动必须策划周详、沟通协商,所以从中可以训练我们的思考组织能力,培养我们尊重包容的美德,提高我们对周围事物的敏锐度,促使我们广泛地接受新的信息。以狮子会、青商会、扶轮社而言,会员们不惜缴纳高达数万元的年费,为的就是能够彼此观摩学习,增加办事能力。佛光会不但涵盖一般社会团体的优点,更超乎其上的是,能让我们从各种活动中实践佛法,领略真理。所以,身为佛光会的会员们更应该积极参与各种活动,借以充实自我,奉献社会。

二、举办活动有扩大的功能

当我们办一项活动时,要有行政策划筹备,要有财务评估预算,要有总务负责采购,要有公关对外联络;当人力和经费短绌时,要拜托大家支持赞助;当场所和物品不全时,要请求他人协助帮忙;当彼此意见不一时,要互相沟通包容;当遇到困难阻碍时,要同心协力寻求解决办法。从办活动中,我们能结交许多新的朋友,认识许多新的事物,为自己增加很多新的助缘,为佛教添进很多新的力量。总之,借着活动,我们从个人立足的点,扩大到工作范围的面,如此一来,不但扩大了新人新事,也扩大了社会关系。

三、举办活动有联谊的功能

佛教里,有一句大家耳熟能详的话:"未成佛道,先结人缘。"在世间要成就任何事业,"结缘"当列为首要条件。办活动就是结缘的最好方法,因为任何一种活动,都不是只靠主办者一个人的力量就能成功,必须要参与者互相帮助,互相成就,有时还得和其他的机关团体联系交流,沟通协调,有时在办事的过程当中,又难免有错误、失败的时候,只要我们肯并肩努力,一心一德,这所有的一切都能在共同参与之后,发展为共同的认知,进而完成共同的目标。所以举办活动不但给大家一个参与合作的机会,更能增进彼此的情谊,让大家的心凝聚在一起。

四、举办活动有成就的功能

办活动能成就友谊,成就智能,成就担当,成就能力,最重要的是,成就佛光净土的大目标、大愿心。

办一场活动,从设想策划到联络交流,从开会协调到筹措经费,从场地布置到发动参加,从通知大众到圆满结束,每一个参与者都必须全心投入,互相支持,其中不知耗费多少血汗,如果活动办得成功,得到众人的赞美、社会的认同,就算历经再多的辛苦,再多的委屈,都能成为甜美的回忆,因为自己已经得到成长的快乐,拥有成就的喜悦。

办活动有学习、扩大、联谊、成就等四种功能,希望只要有佛光人的地方,都能举办有意义的活动,让大家一起在活动中成长,在活动中进步!

佛光会员的进展

希望大家做好"佛光会员"。
希望大家建设"佛光人家"。
希望大家发展"佛光社区"。
希望大家创造"佛光净土"。

我经常走访世界各国,巡察各地佛光会的会务,目睹会员们尽心尽力、任劳任怨地付出心血,心中实感敬佩,但也深深地觉得大家分布在全球各地,不但对于佛光会的宗旨目标必须要有深刻的了解,对于自己如何发展佛光会务也应该要有具体的认识,才能充分落实人间佛教的理念。所以,我今天要以下列四点来说明佛光会员的进展。

一、希望大家做好"佛光会员"

就长远的目标而言,理想的佛光会员就是圆满人格的人间菩萨。凡是可以增加我们般若智慧,开发我们内心能源,坚定我们信心道念,培养我们福德因缘的一切事物,我们都应该努力学习,要求自己成为优秀的佛光会员,尤其在见和同解上,更要加强认识。

一个优秀的佛光会员应该熟悉本会的章程、宗旨、目标、信条,以利于会务的推动;必须勤读本会指定的经典书刊,以增进对佛法的体悟;能够主动介绍本会给大家认识,以吸收更多的生力军;并且尽力维护《佛光世纪》,为这一份属于会员大众的刊物提供佛教讯息、会务动态、修持心得、阅读感想,以使大家共沾法益。

为使佛光会在瞬息万变的社会中能日日茁壮,我建议每个协会每个月要有一次干部联谊活动,借此互相砥砺切磋;每半年要有一次全体会员的聚会,报告半年以来的工作情况,检讨平日会务的利弊得失,表扬热心会员的善行义举,策划下半年度的组织活动。我希望大家都能热心参与各项会议,拥护支持各种活动,时时自我观照反省,经常提供创见美意。这些都是优秀的佛光会员应该具备的条件。

二、希望大家建设"佛光人家"

我们一生当中,与家人相处的时间最长,所以家庭对于人格成长有密切的关系。"佛光人家"是基于共同信仰,秉持佛教理念,彼此成就,休戚与共的理想家庭。所以,"佛光人家"不但是现代的佛化家庭,也是佛光净土的雏形。

我希望志同道合的夫妇都能联袂参加佛光会的活动,研习佛光会的课程,并且在家中设立佛堂,研究经书圣典,阅读《佛教丛书》《佛光世纪》《普门杂志》《觉世月刊》,共同分享心得。

身为父母的会员们应该将佛光会的精神理念运用在言行举止上,为子女们树立学习的榜样,让孩子们从小在佛光的熏陶下成长。最好全家大小都能定期前往隶属佛光会团体会员的寺院道场礼佛共修,积极参加佛光会的活动,一起学习。此外,每年应要求一次"家庭普照",务求佛光家庭的每一成员都能在生活中奉行佛法,共同携手迈向幸福光明的人生大道。

三、希望大家发展"佛光社区"

"佛光社区"就是佛光家庭的扩大。身为佛光会员,对于人间的关怀不应止于一人一家而已,我们要把法喜禅悦分享给左邻右舍,所以,各位会员可以发动街坊邻里成立插花布置、素食烹饪、书法美术、舞蹈歌咏等才艺班,共同美化生活;可以引领社区成员至道场寺院参加法会活动,共同净化心灵;可以组织各种义工,共同发挥服务热忱;可以设置儿童班、亲子会,共同关心子女教育。

借着大家在生活上守望相助,在修行上交换心得,将佛法的温馨和乐充满社区每一户人家,让我们的巷道街衢成为佛光巷、佛光街,让我们生活的社区成为佛光社区。

四、希望大家创造"佛光净土"

佛光会的终极目标,就是在人间创造"佛光净土"。

"佛光净土"是什么样的世界呢?"佛光净土"是一个佛化的世界,在"佛光净土"中,每一个人都皈依三宝,受持五戒,明因识果,广结善缘。"佛光净土"是一个善美的世界,在"佛光净土"里,大家所看到的都是美丽的事物,所听到的都是悦耳的声音,口中所说的都是良言美语,手中所做的事情都是善行义举。"佛光净土"是一个安乐的世界,人与人之间没有嫉妒,只有尊重;没有憎恨,只有祥和;没有贪欲,只有喜舍;没有伤害,只有成就。"佛光净土"是一个喜悦的世界,人人都沐浴在和煦的春风中,家家都共沐在佛法的慈光里，时时都是良辰美日，处处都是般若天地。

从做好"佛光会员"到建设"佛光人家"，从建设"佛光人家"到发展"佛光社区"，从发展"佛光社区"到创造"佛光净土"，虽有大小层次之别，但彼此之间都有相辅相成的密切关系，有时可以同时进行，有时必须次第实践，希望大家能够灵活运用在日常生活上。

佛光会员应该注意什么

要庆祝"佛光日"的殊胜。
要普及"莲花掌"的手印。
要奉行"四句偈"的称念。
要参加"檀讲师"的进修。
要有穿"佛光会服"的习惯。
要遵守"佛光信条"的精神。
要唱出"佛光会歌"的含意。
要实践"佛光三昧"的修持。
要阅读"会员手册"的内容。
要认识"佛光会徽"的标志。
要明了"组织章程"的条文。
要发扬"佛光宗旨"的理念。

佛经里有一则"擎钵大臣"的故事,叙述一名死囚因为一心专注顶上的油穿越大街小巷,无视途中轻歌曼舞的美女、围观喧嚣的人声,穿越大街小巷,终于到达皇宫,免于死罪。这个故事说明了"注意"的重要性。佛经云:"制心一处,无事不办。"佛光会员应该注意哪些事情才能达成远大的目标呢?我谨提出下列十二点贡献给大家。

一、要庆祝"佛光日"的殊胜

1992年5月16日,国际佛光会世界总会在美国洛杉矶举行成立大会,佛教以制度化、国际性的组织形态登上世界舞台,为历史写下新页。承蒙当地政府美意,订定该日为"佛光日",不但全体佛光会员咸感荣耀,全球的佛教徒也为之欢欣鼓舞。

为纪念这殊胜的一刻,我们应该在每年的这一天举办各种庆祝活动,例如成人礼、园游会、佛学讲座、征文选拔、义诊献血、梵呗比赛、圣歌表演、佛教艺术展览、佛光人家表扬大会、信仰传灯典礼仪式等等,并且邀请所有会员一起参与,让大家借此缅怀前人辛苦的佳绩,感念佛光普照的恩泽,从而激发无上道意,继续向前迈进。

二、要普及"莲花掌"的手印

社会上,军人有属于军人的行礼方法,学生也有属于学生的行礼方法,各种行礼方法显示不同的意义。同样,佛光会员以"莲花掌"手印为行礼方法,也具有其特殊的内涵。例如第一个手印是先翻掌外迎,用拇指扣住中指,其他三指外翻,代表无限的欢迎、无我的接纳、无上的接引、无碍的交映、无染的清净;第二个手印是莲花合掌,将双手合十,中间保留些微空隙,象征无二的圆融、无量的信心、无异的正见、无生的法性、无灭的佛道。佛光会员们应该将"莲花掌"手印运用在相见迎接,送行道别时,表示"来时欢迎,去时相送"的情谊;运用在集会宣读会员信条时,表示信守承诺,坚贞不二的决心;运用在答谢回礼时,表示珍惜缘分,铭感五内的诚意;运用在旅游各地,问候招呼时,表示世界各地佛光会员通用的国际语言。

三、要奉行"四句偈"的称念

过去的佛教徒在日课回向时,大都称诵:"愿消三障诸烦恼,愿得智慧真明了,普愿罪障悉消除,世世常行菩萨道。"在三餐吃饭前,总是默念:"供养佛,供养法,供养僧,供养一切众生。"前者暗示要先自己修好,罪障消除,开启智慧之后,再去度化他人,固然能激发向道之心,但不符现代交流频繁的社会所需;后者虽有普同供养的含意,却未尽具体。因此佛光会因应时代的趋势,发扬大乘佛教普度众生的精神,拟定"慈悲喜舍遍法界,惜福结缘利人天,禅净戒行平等忍,惭愧感恩大愿心"作为一切修持的四句偈,我们必须将其用在日课的回向,扩大自己的心量;用在饭前的称念,提醒自己的悲愿;用在会议的祈福,广利一切的众生;用在日常的实践,增进自己的道业。

四、要参加"檀讲师"的进修

创立佛光会的目的是要让在家信众能有更多的机会奉献心力,成为三宝的护持者、文化的播种者、佛法的弘化者、大乘的修行者,所以每个会员应该参加檀讲师的进修,尤其在这个苦难频仍的时代里,想要在世界各地弘扬佛法,拔苦与乐,光靠出家众的力量实在有限,因此希望每个会员都能为考取檀讲师而努力。

如果一个人说法,有100个听众,每天有100个檀讲师布教,就有1万个人能同时受益,我们的目标是希望佛光会将来能有10万个檀讲师在全球各地宣扬圣谛,果能如此,何患佛法不能走进家庭,带入社会,何患人间不能佛光普照,法水长流!

五、要有穿"佛光会服"的习惯

我们看到一个人,要了解他的身份,可以从服装来辨别。譬如军人有军人的戎装,邮递员有邮递员的制服,护士有护士的白衣,所以佛光会员也应该要有穿着会服的习惯。

佛光会员在举行会议、参加活动时穿着会服,将显出整齐划一的团队精神;在国际旅行、异乡做客时穿着会服,将享有宾至如归的亲切接待;在公私接洽,处理事务时穿着会服,将获得意想不到的良机助缘。穿着会服,利益无穷,希望大家常穿会服。

六、要遵守"佛光信条"的精神

佛光会员聚会时,一定都由会长带领大家称念"佛光会员信条",这是提醒各位要时时刻刻做到下列数点:

第一,礼敬常住三宝,以三宝为中心,才能正法永存,佛光普照。

第二,信仰人间佛教,重视伦理道德,才能生活美满,家庭幸福。

第三,实践群我修行,经常礼让他人,才能随时随地,心存恭敬。

第四,奉行慈悲喜舍,关怀社会大众,才能日日行善,端正身心。

第五,尊重会员大众,诚心待人处事,才能来时欢迎,去时相送。

第六,具有正知正见,不受外道诱惑,才能发掘自我,般若本性。

第七,现证法喜安乐,成就修行功德,才能永断烦恼,远离无明。

第八，发愿普度众生，效法菩萨精神，才能人间净土，佛国现前。

佛光会员若能以上列八个信条实践德目，必能净化身心，福慧圆满。

七、要唱出"佛光会歌"的含意

佛光会每次举行会议，即将结束时，必定要唱《国际佛光会会歌》，因为会歌象征本会的精神所在，因此我们要将自己的感情融入其中，以恳切的声音唱出"从事弘法利生"的宗旨，以有力的声音唱出"辨别是非邪正"的信念，以庄严的声音唱出"效法四大菩萨"的精神，以喜悦的声音唱出"建设佛光净土"的希望，以嘹亮的声音唱出"福利社会，放眼全球"的宽广视野，以厚实的声音唱出"同体共生，胸怀法界"的远大抱负，以悠扬的声音唱出"佛光普照三千界，法水长流五大洲"的崇高愿心。声音佛事具有度众良效，我们要努力唱出"佛光会歌"的含意，让群迷得以进入佛道，让佛法广为传布世间。

八、要实践"佛光三昧"的修持

求取功德不是学佛的最终目的，我们要外弘内修才能圆熟众生，庄严净土。"佛光三昧"是融合古今、适合时人的修持方式，共有四种：

1. 拜愿法：一拜一愿，每日口诵心经发十二大愿，虔诚礼佛十二拜，然后按自己时间的长短，继续礼拜自己修持的诸佛菩萨，能去缚除执，证入菩提。

2. 念诵法：以欢欢喜喜、悲悲切切、空空虚虚、实实在在等四种方式，称念诸佛菩萨的圣号，与诸佛菩萨感应道交。

3. 禅观法：先在佛前立愿普度众生，然后依慈心三昧次第坐禅修观，长养慈心悲愿。

4. 实践法：在日常生活中，以发愿、净行、忏悔、回向来圆满佛道。

真修实证，弘法利生才能福慧具足，庄严佛国，佛光会员应日日实践佛光三昧的修持，达到定慧等持，解行并重的目标。

九、要阅读"会员手册"的内容

对于每位加入佛光会的会员，总会或协会将赠送一本《会员手册》，内容包括佛光会的创会简史、宗旨目标、信条宣言、会徽会歌、行政组织架构、各项章程制度、各类表格式样、年度工作计划、成立协会或分会的方式条件、各地协会或分会的分布情况、会员的权利义务、会员的修持生活、各种疑难问答等等，举凡佛光会的发展、建设、方向、使命，佛光会员应具备的思想、行持、威仪、性格，乃至一生的计划，都详细记载在《佛光手册》上，可以说一册在身，万事俱备。所以各位会员不但应该仔细阅读，反复研究，并且须传播四方，周知大众，期能早日实现佛光净土的理想。

十、要认识《佛光会徽》的标志

国有国徽、党有党徽、校有校徽、会有会徽，从徽章中，我们可以看出各个单位组织的精神理念。佛光会的会徽是一个圆和一朵莲花，其意义有三：

1. 圆,代表俗谛的世间(地球);莲花,代表真谛的出世间:两者结合在一起,象征烦恼菩提不二、真谛俗谛不二、世间出世间不二、清净杂染不二,总之,心莲清净,一切平等,就是清净圆满的人间净土。

2. 圆,代表本有的佛性;莲花,代表证入的佛智:借着修持的因缘,让本自具足的佛性种子开花结果,就能圆满人格,成就佛道。

3. 圆,代表常转的法轮;莲花,代表清净的发心:以清净的发心常转法轮,才能普度众生,同登法界。

我们时时将会徽别在胸襟前、领带上、袖口边,不但可以提醒自己的修持,也能够增进别人对我们的认识;我们不但将会徽的意义谨记在心,同时也尽量告诉大家,让自他都能得到受用。

十一、要明了《组织章程》的条文

组织章程明订本会的制度、规约,会员的权利、义务,是落实宗旨目标的具体方针。例如国际佛光会世界总会宪章中的序文:"吾等来自全世界之佛教徒,借此大会集聚一堂,深知文明之发展与社会之变迁,已造成全世界之动荡与不安,自觉匡世济民拔苦与乐,正为吾辈佛教徒义不容辞的使命。为能以正信之佛教增进人类福祉与进步,矢志使世界重复光明与和乐,成为人间净土。"这段文字不但显示本会的国际性格、人间性质,也说明会员应达成的使命、任务。

我们应该依此类推,举一反三,深入研究,清楚明了佛光会的各种组织章程,裨能如法奉行,发挥力量。

十二、要发扬《佛光宗旨》的理念

佛光会员的宗旨是:

1. 禀承佛陀教法,虔诚恭敬三宝;弘法利生,觉世牖民:这表示我们应自许为正信的佛弟子,须肩负弘法的重任。

2. 倡导生活佛教,建设佛光净土;落实人间,慈悲济世:这表示我们应自许为踏实的佛光人,须拥有慈悲的胸怀。

3. 恪遵佛法仪制,融和五乘佛法;修持三学,圆满人格:这表示我们应自许为佛道的修行人,须修持圆满的三学。

4. 发挥国际性格,从事文化教育;扩大心胸,重视群我:这表示我们应自许为世界的地球人,须具备国际的性格。

佛光会员的宗旨是本会的最高目标,犹如茫茫暗夜中的灯塔,能指引众生到达解脱的彼岸,我们应该极力发扬,积极实践。佛光会员若能注意佛光日的庆祝、莲花掌的普及、四句偈的奉行、檀讲师的进修、佛光会服的穿着、佛光信条的遵守、佛光会歌的含意、佛光三昧的修持、会员手册的阅读、佛光会徽的认识、组织章程的明了、佛光宗旨的发扬,则无上佛道堪成,人间净土现前,希望大家都能于此自我留心,自我研究,自我计划,自我实现。

佛光会员应如何做功德

以十供养来做功德。
以四弘愿来做功德。
以四摄法来做功德。
以六度行来做功德。
以八正道来做功德。
以七圣财来做功德。

做功德不但能为自己储积学道的资粮,也能为子孙培植福德的余荫,所以佛教徒以做功德为乐事。佛光会员应如何做功德呢?在此我谨贡献六点建议给大家作为参考。

一、以十供养来做功德

对众生的财、法二施供养,对三宝的身、口、意三业供养,对僧团的衣服、卧具、饮食、医药四事供养,对佛陀的香、花、灯、涂、果、茶、食、宝、珠、衣十物供养。佛光会员在日常生活中应综合上列各类供养,以主动地招呼、和悦的笑容、亲切地关怀、人格的尊重、真挚地慰问、困难的解决、热忱地服务、信仰的法财、完善的设施、智慧的建议等十种方式来供养一切众生,广结十方善缘,圆满道德人格,成就无上佛道。佛经云:"若欲识得佛境界,当净其意如虚空。"又说:"心、田、事不同,功德分胜劣。"所有供养中,心香一瓣能尽虚空、遍法界，固然能获致无量、无边的功德，但是供养的对象、供养的方法也很重要，像一些人以金钱、房舍供养敛财的神棍，不仅毫无功德，甚至徒增社会乱象，我们不得不谨慎考虑。

二、以四弘愿来做功德

诸佛菩萨均以愿力来筹集功德，成就佛道。例如阿弥陀佛的四十八愿、药师如来的十二大愿、释迦文佛的五百大愿、阿閦佛的二十大愿、弥勒菩萨的十大善愿、普贤菩萨的十大愿、观音菩萨的救苦大愿、地藏菩萨的"地狱不空，誓不成佛"等等，或愿于十方净其国土，接引一切有情；或愿于秽土成就佛道，度化刚强众生。而这些随顺众生意乐所发的伟大誓愿称为"别愿"，都是以通愿——"四弘誓愿"作为蓝本基础。所以佛光会员在人间行菩萨道，首应悉发"四弘誓愿"，愿以恒长的慈心、悲心、慧心、热心，"普度无边众生"；愿借信仰、喜舍、忍辱、般若的力量，"断除一切烦恼"；愿从淡处、无处、疑处、拙处中力行"广学无量法门"；愿以自我观照、自我更新、自我实践、自我离相来"成就无上佛道"。

三、以四摄法来做功德

佛光会员在人我相处时，不妨以四摄法来做功德。所谓四摄法，就是喜舍、爱语、利行、同事。"喜舍"，顾名思义，就是必须先以一颗欢喜的心布施结缘，喜舍不限于金钱，举凡微笑、点头、建言、解困等都能为别人拔苦与乐，为自己广结善缘。"爱语"是世间最美好的声音，因为每一个人都需要别人的称赞、鼓励，爱语如同阳光，能温暖心房；好比净水，能抚慰伤痛，以爱语来做功德，可以拉近彼此之间的关系，培养良好的情谊。"利行"即尽己所能，利于他人，具体而言，就是实践佛光人的四大工作信条——给人信心、给人欢喜、给人希望、给人方便。人都有趋利避害的本能，能以利行来待人处世，必然处处受人欢迎。"同事"即设身处地为对方着想，针对他人的需要应机施教，是摄化众生的最佳妙方。佛光会员把四摄法运用在群我关系上，将在无形中增加许多助缘，这就是功德！

四、以六度行来做功德

六度指布施、持戒、忍辱、精进、禅定、般若，是大乘菩萨六项修行德目。从表面上看来，"布施"金钱物质、佛法真理、信心希望、知识技能等好像都是在给予别人，其实从布施中自己也拥有了无量的喜悦，赢得了珍贵的友谊，这就是经典所说的"施受不二"。以"持戒"规范身心，不侵犯他人的生命、财产、身体、名节、心灵，自己也因此获致最大的自由。"忍辱"不是懦弱的表现，而是在培养自己担当、智慧、能力、德行，所谓"小不忍，则乱大谋"。忍辱是成就一切事业的基础。"精进"并非一味的盲进，而是在工作上，忠于职守，勤劳奋发；在学问上，锲而不舍，努力钻研；在修持上，除恶务尽，行善不断；在生活上，善用时间，井然有序。"禅定"犹如止水见底，能澄清思虑，洞察万象。禅定的功夫不一定要遁世避俗，闭关静坐，像维摩大士、庞蕴居士一家便是参禅悟道于俗务之中；古来禅宗的祖师大德在勤务劳动中打透禅关；宋代名儒周敦颐、朱熹、程颢、程颐、陆九渊、王阳明等人在作学问中修禅有得；身居高位的裴休、杨亿、张商英在官场中一面参禅学佛，一面运筹帷幄。故《净名经》云:"尘劳之畴为如来种……譬如高原陆地,不生莲花,卑湿污地乃生此花。"只要自己力量坚定,语默动静,一切时中,无不是参禅修定的最好时机。"般若"由闻、思、修得,乃一切诸佛之母,最为重要,其与一般知识学问不同者,在于前者是内发的,后者是外求的;前者是纯善的,后者则善恶不定,像科技文明造就了世界的进步,但也导致各种战乱。佛光会员以六度行来做功德,能摄诸善法,圆满人格。

五、以八正道来做功德

八正道,即正见、正思维、正语、正业、正命、正精进、正念、正定。"正见"能如实看清宇宙人生的真相,"正思维"与正法相应,能去除贪、瞋、愚痴。"正语"远离妄语、两舌、恶口、绮语等口过,能自利利他。"正业"乃严持戒律,不但不犯杀、盗、淫、妄、酒,还要积极从事慈悲喜舍等善行。"正命"以正当的方式谋生,以规律的生活作息,是家庭美满、社会安定的要素。行"正精进"能勇于改过迁善。"正念"观身不净、观受是苦、观心无常、观法无我,能少欲知足,趋入佛道。"正定"以禅定集中意志,统一精神。以八正道来做功德,能让我们迈向康庄幸福的人生大道。

六、以七圣财来做功德

拥有财富是大家所希求的,但求财不一定得财,得财也不一定是好事,对于没有智慧的人而言,金钱是毒蛇,只会带来无穷的祸患。一个人想要富有唯有从内心着手,因为人类的欲望永无止境,一味向外追求财富,内心的贪瞋交相煎迫,失去人生的快乐,也是没有意义,心中的财富才是丰裕无限的。佛教里所谓的"七圣财",指信财、戒财、惭财、愧财、闻财、施财、定慧财,此乃成就佛道的七种方法。我们佛光会员也有"七圣财",就是欢喜、智慧、信仰、慈悲、惭愧、感恩、禅定。欢喜是善美的流露,智慧是无尽的宝藏,信仰是力量的泉源,慈悲是道德的根本,惭愧是庄严的衣冠,感恩是富足的表现,禅定是无限的自在,拥有这七种财宝就能拥有三千法界。

　　修行,不一定要诵经、拜佛才是修行;功德,不一定要出钱、出力才是功德。从待人接物中获得启示,从日常生活中有所体悟,也是一种功德。以十供养、四弘愿、四摄法、六度行、八正道、七圣财来做功德如同撒播种子,种一得十,种十得百,我们应该趁自己还有能力的时候,及时播种,以待有成。

佛光会员应如何广结善缘

用净财欢喜结缘。
用语言功德结缘。
用利行服务结缘。
用技艺教育结缘。

人与人之间,靠着缘分在维持关系,人际关系就是一种因缘法,佛教常强调"未成佛道,先结人缘",就是说想要学佛道,就要先与人结下善缘,甚至已学佛道,更要懂得广结善缘。所谓"一佛出世,万佛护持",这就是广结善缘的结果。缘,要靠自己去培植,怎样和人广结善缘呢?以下我提出四点意见供各位参考:

一、用净财欢喜结缘

学道之人应学习以净财和人结缘,亦即以正当的财物喜舍布施,布施时不在乎量的多少,重要的是在于布施时的心量、动机如何?所以最好是在不自苦、不自恼、不自悔、不为难的前提下欢喜地与人结缘。例如供饥肠辘辘的人一碗饭;给口干欲裂的人一杯茶;给心急如焚的人一些钱打紧急电话,甚至给贫病交加的人一些医药费;给年老无依、年幼失怙的人生活费、教育费等等,都是以净财与人结缘的好方法。这样的布施也许付出不多,但对方却能因你的布施而得到很大的帮助,甚至改变一生的命运,因此以净财布施实是广结善缘最直接的方法。

欢喜的布施纯属精神上的结缘,例如我以讲说佛法给人欢喜,以顺从拥护给人欢喜,以随喜赞叹给人欢喜,以合掌微笑给人欢喜,以专心聆听给人欢喜,以肯定忠诚给人欢喜,都是以"给人欢喜"和人结缘的好方法。所谓"相见都是有缘人,怎不满腔欢喜?"财物有用完的时候,欢喜却是永远取之不尽,用之不竭的,但愿我们善用这份人间的至宝与大众结缘,同享"若为乐故施,后必得安乐"的究竟法喜。

二、用语言功德结缘

语言是人我之间的一道桥梁,适时适地的给予适当的语言,则能建立良好的人际关系。一般说来,肯定赞美的语言就像初春和煦的阳光,给人温暖亲切的感觉;关心鼓励的语言则像久旱逢甘霖的大地,有了活力和生机。因此用爱语和人结缘,所搭建的是一座善缘的宝桥,平稳而通畅。反之,粗俗、谩骂、诽谤、狂妄、讽刺……的恶言,则如污秽之物,让人摒而弃之,甚至将毁掉一个人的前程,或身遭杀生之祸。所谓"一言足以伤天地之和",用恶言与人来往所建立的,是一座危机四伏,损人又不利己的危桥。

"爱语如春风,恶言如秽器",希望大家都能以如春风般的语言扬起众生信心的风帆,以甘霖般的语言温润众生干涸的方寸,以阳光般的语言照破众生的爱见无明,以净水般的语言涤尽众生的五欲尘劳。

何谓功德?《大乘义章》云:"言功德,功谓功能,善有资润福利之功,故名为功;此功是其善行家德,名为功德。"举例来说,修桥、铺路、建寺、说法、献血助人、捐献器官、热心功益、劝人为善等等,即使是小小的功德,都能成为未来道业的资粮。像佛陀在因地时,割肉喂鹰、舍身饲虎、葬身鱼腹、贫女一灯等事迹,就是最好的明证。《仁王护国经》云:"满功德藏,住如来位。"《无量寿经》中也说:"具足功德藏,妙智无等伦。"以功德结缘,未来的福报妙不可言!

三、用利行服务结缘

利行,就是给予别人便利的行为。像协助朋友发展事业、提携失意同人奋发振作、引导赌徒、吸毒人员回头改过、提供失业青年就业机会等都是利行。

利行,除了是物质上、精神上的支持以外,还包括时间上和空间上提供协助,为人服务。像帮助写字、帮助扫地、帮助照顾小孩、帮助提重物、为人开门、听人诉苦、走路时礼让行人、坐车时让位给老幼妇孺、协助盲者过马路等等,也许只是举手之劳,却为人解决困难,也为自己带来欢喜。俗语说:"人生以服务为目的。""服务为快乐之本。"发心服务,自利利人,一举两得,何乐而不为?

四、用技艺教育结缘

"万贯家财,不如一技在身。"有了一技之长,不仅可以自娱自利,也能够愉众利他。譬如擅长打字、会计、文书的人,除坚守岗位,服务大众之外,还可以义务教导有心学习的人;擅长弹琴、插花、编织、绘画的人,除举行发表会展示才能之外,更可以传授后人……凡此必定能够受人欢迎，广结善缘。

教育是净化人心最究竟的方法。如果我们能讲说佛法、教人明理、导正民风、鼓励劝慰，引导大家踏上正途，为家庭、社会、国家负起责任，贡献所长……必能使社会更加安和乐利，这些都是以教育与人结缘。

教育肩负着"百年树人"的重责大任，从事文化教育是佛光会的宗旨之一，因此佛光会员均应尽己所能，以技艺广结善缘，以教育广结法缘。

"有缘千里来相会，无缘见面不相识"，大家应该珍惜这份同为佛光会员的善缘，并且用净财欢喜、语言功德、利行服务、技艺教育与天下众生共结善缘，祝福大家将来都能同登法界，共证菩提。

佛光会员要有六心

佛光会员要有灵巧慧心。
佛光会员要有道念悲心。
佛光会员要有大志愿心。
佛光会员要有愧意惭心。
佛光会员要有精进恒心。
佛光会员要有忠诚信心。

经典中常教导我们要去妄证真,明心见性。《华严经》云:"统万法唯一理,贯万古为一心,心也者,万德之源,众妙之本。"真心,如同虚空一般广大无边,能够涵容万物,包并天地;真心,好比一座宝山,蕴藏无比丰富的资源,取之不尽,用之不竭。只要有心,铁杵也能磨成绣花针,因此,学生读书要求专心,工作做事要求用心,佛子行道要求发菩提心。佛光会员应该要有什么心呢?

一、佛光会员要有灵巧慧心

佛教是觉悟之教,如果没有灵巧慧心,就不能进入佛法之堂奥,当然也就无法断惑证真。佛教讲究般若自性,般若不是一般的世智辩聪,而是内心智慧、慈悲、潜能的开显,所以唯有以内在的灵巧慧心,才能展现出我们本具的般若本性。

我们身为佛光会员,肩负利生济世的神圣使命,因此必须具备

"灵巧慧心"的先决条件,才能有效率地朝远大目标迈进。为什么呢?因为有了"灵巧慧心",才能看清自己无量劫来积集的烦恼习气,从而设法对治去除;有了"灵巧慧心",则能随时照顾关心别人的感受和需要,从而建立良好的人际关系;有了"灵巧慧心",则能对佛法有深切的体悟,从而将入世出世法融会贯通,并且灵活地运用在生活上;有了"灵巧慧心",才能洞察众生的忧悲苦恼,而能平等无私地伸出援手。所以,佛光会员有了"灵巧慧心",就能使佛光会成立的意义更加彰显,使会员与会员之间、会员与众生之间的关系更加和睦,使会务进行更加顺利,使弘法利生的目标更加开展。

二、佛光会员要有道念悲心

佛教不同于一般知识学问、一般宗教,因为佛教重视道业上的信念及对众生的悲心,所以一个想在佛门有所进步的人,必定要对自己选择的道业有坚定的信念,不因外在环境而丧失初发心。而使道念坚定不移的最好方法,则是培养对众生的慈悲心,常行菩萨慈心利他之行,道念与悲心,两者相辅相成,才能在漫长的佛道中不致退转。反之,一个没有道念悲心的人,必定流失于佛门之外。所以佛教常说,一个佛教徒可以没有能力,但是不可以没有道念悲心;四肢五官可以百般残缺,但道念悲心不可以丝毫残缺。因为道念是佛弟子修行的根本,而悲心乃佛弟子利行的原动力,也是发起菩提心的根本。

一个有道念的人是爱护团体、爱护常住、忠于师门、忠于佛教的,所以当他遇到诽谤、冤屈时,能超越过去;遇到困难、危险时,能当下承担;当他违犯过失时,能勇于认错;遇到挫折、阻难时,能坚持百忍……总之，无论外境如何，他都能本着"因果不会辜负我"的道念，对佛教依旧护持奉献，不遗余力；对团体仍然忠诚发心，以众为我。

一个有悲心的人，在消极方面，是宁可自己吃亏牺牲，也不去伤害侵犯他人；在积极方面，则是以六度四摄关爱一切众生。所以道念悲心不只是理念上的了解，更是行动上的实践。

如果各位会员都能秉持"但愿众生得离苦，不为自己求安乐"的悲心，在心甘情愿、牺牲小我中，长养自己的道念；在无私奉献、服务利行中，培养自己的德操，相信佛光会利生济世的工作必定能够恒久绵延，佛法真理也必定能够永久住世。

三、佛光会员要有大志愿心

儒家有言："尧，何人也？舜，何人也？有为者亦若是。"儒者要成圣成贤，尚且要立大志愿心，何况佛子从事弘法利生的重责大任，以成就无上正等正觉为目标，怎可不立大志愿？所以有一句话说："没有自然的释迦，没有天生的弥勒。"此即意味着诸佛菩萨之所以成为诸佛菩萨，不是天生成就的，不是造物主赐予的，而是历经百千万劫修行而成，其间所遭遇的困难、阻碍不知多少，而之所以支撑其奋力不退的原动力，就是靠着大志愿力。像阿弥陀佛在因地为法藏比丘时，因为发了四十八大愿，愿愿皆为济度众生，所以后来成就庄严殊胜的极乐净土；观世音菩萨、地藏王菩萨等在因地时，也立下誓度无量众生的大志愿心，所以能成就道果。佛光会员应以诸佛菩萨的恢宏气度为榜样，发起大志愿心，尽心地跟随佛光会弘法利生的脚步前进，常行四弘誓愿，常发无上菩提心，如果大家都能如此，相信佛光会弘法利生的大业将更稳健、更圆满。

四、佛光会员要有愧意惭心

学佛之人最怕的就是趾高气扬，骄傲自大，因为这样的人将不再力求上进；反之，一个有愧意惭心的人知道奋发图强，肯力争上游，所以惭愧是进德修业、敦品励学的原动力，是人间最好的美德，是佛教入道要门。《大般涅槃经》云："诸佛世尊，常说是言：有二白法能救众生：一、惭，二、愧。惭者，自不作罪；愧者，不教他作。惭者，内自羞耻；愧者，发露向人。惭者，羞人；愧者，羞天。是名惭愧。无惭愧者，不名为人，名为畜生。有惭愧故，则能恭敬父母师长；有惭愧故，说有父母兄弟姊妹。"惭愧之重要性，可见一斑。

清末民初的莲宗十三祖印光大师就常自谦为"常惭愧僧"，对于佛法未兴，众生未度，德业未净，感到非常惭愧。祖师大德尚且如此，身为佛光会员如果能时时惭愧自己学问不够，发心不够，慈悲不够，对父母的孝心不够，对子女的教育不够，对朋友的道义不够，对社会国家尽力不够，对佛教的护持不够，对佛法的弘扬不够，对众生的参与不够，对佛光会的奉献、参与、支持、热心不够……如果能时时如此惭愧，则何患佛光会会务不蒸蒸日上？何患众生未能度尽？何患佛道无成？"卑为胜者所居，唯心能卑，并行使高。"愿佛光会员皆应本此愧意惭心，奋发向前，勇猛精进。

五、佛光会员要有精进恒心

《佛遗教经》云："若勤精进，则事无难者，是故汝等常勤精进，譬如细水常流，则能穿石；若行者之行，数数懈废，譬如钻火，未热而息,虽欲得火,火难可得。"弥勒菩萨在因地时,发心向道虽比释迦牟尼佛早,可是成佛却晚了九劫,主要是因为释迦牟尼佛比较精进。在"龟兔赛跑"的寓言中,动作慢的乌龟反而先到终点,赢得胜利,也是由于乌龟的精进恒心远过于兔子。所以,入世出世间,任何一个人想要成功立业,必先具有精进恒心;佛光会员要深入佛法,济世度众,也必须具备精进恒心。唯有精进恒心,才不会遇难则止,丧失道心,才不会自暴自弃,因循懈怠。

中国佛经四大翻译家之一的玄奘大师西行取法时,因有"宁向西天一步死,不回东土一步生"的精进恒心,才能学成归国,携回经典,不但利人无数,也使中国佛教得以辉煌灿烂;又佛陀六年苦行,若没有精进恒心,怎会成就佛道?六祖惠能大师舂米八月,若没有精进恒心,何能大彻大悟?而菩萨化度有情,亦须经三大阿僧祇劫,若无精进恒心,堪忍一切,积集无量福德,如何成就等觉?所以,佛光会员应将菩萨披精进甲、着忍辱铠的精神,应用在佛光会上,勉励自己办会务时要有精进恒心,参与活动时要有精进恒心,慈悲喜舍要有精进恒心,服务牺牲要有精进恒心,断恶行善要有精进恒心……能如此则事业堪就,佛道堪成。

六、佛光会员要有忠诚信心

孙中山先生曾说:"信仰是一种力量。"又说:"宗教是人类心理的拐杖。"把这两句话合起来阐述就是:一个人若能对其信仰的宗教忠诚不二、信心具足,则能产生出很大的力量来克服种种障碍,得到心灵的依靠。佛光会员都是抱着对佛法的信仰而参加佛光会,投入服务大众的行列,如果大家都能抱着忠诚信心,在佛教里定能有所成就。因为有了忠诚信心，便能打从内心产生一股很大的力量，能够耐苦、耐烦、耐无、耐气、耐利衰荣辱、耐毁誉称讥。此外，一个有忠诚信心的人，必定品德高尚，为人尊敬，因此外在的力量也就增大了。佛教的十大弟子跟随佛陀四处弘法，就是靠着一腔忠诚信心；孔门七十二贤跟随孔子，也是凭着一股忠诚信心；古今中外的英雄豪杰、沙场名将报效国家，也是凭着一股忠诚信心；自古以来的佛门伦理更是靠着忠诚信心来维系。所以忠诚信心是做人之本、处事之基、成功之力，在团体中，不要计较得失，不要嫉妒排他，只要自己坚秉忠诚信心，何虑不能得道多助，自他二利！

最后再度呼吁各位佛光会员要有灵巧慧心、道念悲心、大志愿心、愧意惭心、精进恒心、忠诚信心！大家能发此六心，必能使个人道业大为增长，佛光会务进展迅速。

佛光会员应如何教育子女

养成信受的教育。
养成礼貌的习惯。
养成护生的观念。
养成勤劳的本质。
养成感恩的美德。
养成佛法的认知。
养成合群的性格。
养成信仰的情操。

国际佛光会的会员以在家信众为主,生活上均以家庭为重,现代父母最关心的问题莫过于如何教育子女。所以今天我特地对于子女的教育问题提出八点意见,供大家参考。

一、养成信受的教育

父母对于子女的教育不在言多,而重身教;不在训示,而在开导,一切的教育都必须先让子女懂得"信受"。不信受,如同"天降甘露,不滋润禾苗,禾苗不能成长";又好比将净水灌入缺角、污染、倒置的器皿,无论水量多寡,总是徒劳无功。

每部佛经均以"如是我闻"开头,以"信受奉行"结束,这是说明"信受"的重要性。子女们若能从小懂得以谦虚心、清净心接受善言,奋发向上,才能渐有所成;懂得以惭愧心、忏悔心接受指责,改过迁善,才能日有所进;懂得以忍辱心、平常心接受挫折,不怨天,不尤人,才能平心静气,渡过难关;懂得以包容心、谅解心接受别人,不比较,不计较,才能心胸宽阔,广结善缘。

二、养成礼貌的习惯

人我相处之道在彼此恭敬礼让,所以古圣先贤非常注重恭敬的修持,佛经云:"佛法在恭敬中求"、"端正从恭敬中来"。在原始佛教的《阿含经》中,许多章节都载有佛陀教导父子、夫妇、朋友、上下之间互相礼敬相处的方法,后世的祖师大德们订有许多礼仪清规,为的就是要规范伦理,健全僧团。而周公制礼作乐,维系伦常,国祚因而绵长稳固;后来,"礼崩乐坏",国势颓唐,四分五裂的结果,形成春秋时代互相争霸、生灵涂炭的局面,孔子因而大力提倡礼义的教化功能,主张:"一日克己复礼,天下归仁焉。"曾经说:"其为人也孝悌,而好犯上者,鲜矣;不好犯上,而好作乱者,未之有也。"的确,一个人如果能孝顺父母,兄友弟恭,亲爱朋友,尊重师长,就不会作奸犯科,倒行逆施。所以,我们想要子女们将来拥有健全的道德观念,良好的社会关系,必须从小养成他们礼貌的习惯。

三、养成护生的观念

现在的社会之所以暴戾之气嚣张,就是因为人们没有从心里建立起尊重生命的观念。我们常看到一些青少年以虐待动物为乐,甚至做父母的还带着子女们去钓虾、捉鱼、吃海鲜、猎动物。由于他们从小不知道生命的可贵,所以长大以后,自然好勇斗狠,残杀成性,不但造成社会乱象,也为自己招来无边祸患。

佛经云："一切皆惧死，莫不畏杖痛，恕己可为譬，勿杀切行杖。能常安群生，不加诸楚毒，现世不逢害，后世常安稳。"父母爱护子女，应该告诉他们众生一体，易地而处的观念，培养他们仁慈护生的美德，崇尚和平的性格。

四、养成勤劳的本质

贪逸恶劳是人类的通病，由于贪逸，造成精神散漫，做事就不容易成功；由于恶劳，所以希求近利、求速成，遇到挫折困难就退缩不前，结果一事无成。所谓："勤有功，嬉无益。"历史上许多伟人都是白手起家，精进有成。世间没有不劳而获的事情，好吃懒做的人即使万贯家财也会败坏殆尽。所以，教育子女必须让他们从小养成勤于劳动、勤于学习、勤于思考、勤于做人的本质。

机器不动就会生锈，池水不流就会生虫；懂得奋发向上、服务大众的人，必定能够突破一切险阻，开创远大的未来。子女们努力勤劳，知道如何安排自己的生活，才是父母最大的成就。

五、养成感恩的美德

"人生不如意事常八九。"怨天尤人，不但于事无补，反而起惑造业，空费光阴。我们如果能拥有事事感恩的美德，对人生常怀希望，对社会常思报答，就不容易被一时的挫败所打倒。佛门里有一句话说："吃现成饭当知来处不易。"想想眼前的一粥一缕、一砖一瓦是经过多少人工的辛勤劳动、多少血汗的结晶累积而成，我们应该心存感念。除了父母养育劬劳、师长谆谆教诲、大众供给日用、国家覆护色身的恩惠之外，还有太阳供我光明，空气供我呼吸，雨水供我洗涤，花草树木供我欣赏，鸢飞鱼跃为我良伴。我们应该时感惭愧，自己何功何德，而能领受宇宙世间的种种供给？一个人若能经常怀抱感恩的心情看待整个世界，必定觉得自己很富有，世间很可爱，不但没有资格自暴自弃，无所事事，还会加倍勤奋努力，奉献社会大众，将快乐喜悦分享给别人。所以想要儿女拥有快乐通达的人生观，在社会永远立于不败之地，就必须养成他们感恩的美德。

六、养成佛法的认知

"学佛的孩子不会变坏。"因为佛法不但是世间的真理，也是做人的根本，例如懂得因果业报原理的人，不但不会为非作歹，甚至会积极行善；懂得持守五戒十善的人，不但不会侵犯他人，甚至会喜舍布施；懂得以四摄法结交朋友的人，必定人缘很好；懂得以六度行应世接物的人，必定事业有成；懂得以四无量心利他无我的人，必定身心健康愉快；懂得以禅净中道安排生活的人，必定过得幸福美满。所以身为父母者，应该让子女在心田里种下菩提种子，让他们从小就懂得爱惜自己的福德因缘，开发自己心里的能源宝藏，从而负起人生应有的责任，完成圆满的道德人格。

七、养成合群的性格

性情古怪的人不但人际关系不好，而且偏激易怒，悲观消极，这些都与成长的境遇有着密切的关系，所以为人父母者应该时时注意子女的心态，最重要的，就是在平日培养他们合群的性格。

佛经中所说的五种非人："应笑而不笑，应喜而不喜，应慈而不慈,闻恶而不改,闻善而不乐。"可以说一语道尽性格异常的现象。怎样才算是性格正常的人呢?一个性格正常的人,首先,应该随缘合众,即使自己一无所有,无法帮助别人,也要随心欢喜,随口赞叹;其次,应该慈悲应世,随时随地,尽己所能,为人拔苦与乐;第三,应该闻过能改,懂得认错回头,改往修来,才能百尺竿头,更进一步;第四、应该与人为善,互助合作,团结一致,共成美事。父母应该以各种方式善诱子女养成合群的性格,好让他们将来都能立足社会,与人共事。

八、养成信仰的情操

人从呱呱坠地的那一刻起,先是需要衣、食、住、行来给予温饱,然而随着年龄的成长,一旦基本的欲望满足之后,就会想要去寻求解除烦恼、离苦得乐的方法,尤其在接触五花八门的社会之后,身心常感茫然,如果这时能拥有正确的信仰,就能帮助我们经受种种风风雨雨、毁誉得失。佛教信仰的对象——佛陀,不但具有历史的真实性,而且道德高尚,戒行清净,智慧圆满;佛教信仰的内容,主要在教人探索内心的宝藏,追寻大我的人生,扩大无限的心胸,实现自我的价值,这些不但能让我们在现实生活中安身立命,解脱烦忧,更能让我们开展无边的眼界,得到究竟的喜悦。所以,各位身为佛光会员的父母们,将财富传给子女不一定能让他们得到幸福,信仰的情操才能让他们受用无穷。希望大家经常带子女们前来听经闻法,参加佛光会的活动,让他们在无形中得受法益。所谓"千年暗室,一灯自明"、"灯灯相传,分灯无尽",将佛法信仰的明灯流传下去,照亮自他,才是最珍贵的传家之宝。

总之，父母们不要只偏重子女们知识技能的获得，最重要的，是要照顾到他们身心的健康，养成他们信受的教育、礼貌的习惯、护生的观念、勤劳的本质、感恩的美德、佛法的认知、合群的性格、信仰的情操，让他们将来都能走在康庄大道上，享受幸福美满的人生。

檀讲师应具备的条件

正知正见。信戒定慧。
因缘果报。团体观念。
慈悲和净。功德清望。
权巧方便。口才敏捷。
间调诚恳。态度庄重。
五戒俱全。家庭美满。

随着佛教发展的国际化,仅凭少数的出家僧众在世界弘法已不敷所需,而在家信众中不乏学养丰富之士,所以佛光会成立"檀讲师"制度,鼓励在家居士与出家僧众一起担负弘扬佛法的神圣使命。现在让我来说明檀讲师应具备的条件有哪些?

一、正知正见

檀讲师除了对三宝必须虔诚敬信之外,对佛法尤其要有正知正见的认识。一个人如果缺乏正知正见,就好像一艘没有船舵的船,航行在茫茫大海之中,不但不知何去何从,而且有覆舟灭顶之虞。佛教的八正道将正见放在第一,其重要性可见一斑。如果没有正知正见,一切的佛法都是偏执。何谓正知正见?懂得明因识果是正知正见,了解业报缘起是正知正见,分辨善恶是非是正知正见,明白佛道永恒是正知正见。檀讲师能拥有正确的观念,坚定的信仰，才能带领大家驶向光明美满的人生，到达解脱安乐的彼岸。

二、信戒定慧

信，是我们对佛教要有正确的信心，也就是必须具备四不坏信：对教主佛陀，我们要有坚定的信念；对佛陀的教法，我们要信受奉行；对教团，要信守不渝；对佛光会，要肯定忠诚；尤其在学佛修行的道路上，不论遇到任何困难挫折，我们都不能改变信心道念。《华严经》云："信为道元功德母，增长一切诸善根。"记得过去佛光山制作了一个电视节目叫《信心门》，颇受社会大众好评，主要就是因为它的内容能鼓舞大众对生命的信心与勇气。因此只要有信心，无论遇到任何异说纷纭，任何邪见颠倒，我们都能勇于克服，无坚不摧。

戒，有五戒、六法戒、八关斋戒、十善戒、菩萨戒等，所有戒律都能规范我们的身心。经典中常以譬喻来说明"戒"的重要性，例如戒如良师，能指导我们清净三业；戒如良轨，能指引正路；戒如城池，能保护我们的法身慧命；戒如水囊，能解除热恼，让我们获得清凉；戒如明灯，能照破无明，找回般若自性……所以，戒是我们做人的基础，是一切善法的初基，是法身慧命之所依。因此，我们要严守戒律。

除了经典中的戒条以外，像佛光人的工作信条"给人信心，给人欢喜，给人希望，给人方便"，以及佛光会的宗旨、理念、精神、目标、方向等等，都能引导我们提升人格，增进品德，大家也应该将其奉若戒律，确实遵循。所以，檀讲师对于佛光会的章程、办法必须多加研读，以便倡导发扬。

定，不一定指参禅打坐、冥想入定或诵经念佛、三昧现前，其实，摄心保持正念，清清楚楚知道自己的心思举止，也是一种定的功用。能够守定，就可以在日常生活中产生力量，使我们在面对各种境界时，都能以静制动，掌握胜算，因为有了定力之后，自然智慧澄明，烛照万法。

慧，意指洞悉真理，明白道理。与世智辩聪不同，所以直译为"般若"。佛教与一般宗教之所以不同，也在于佛教除了慈悯万物、信仰坚定之外，还特别重视追求智慧，以期断除烦恼，究竟解脱。大乘菩萨道以般若智慧为上首，佛经云："般若为智慧之母。"三世诸佛皆因证得无漏智慧而成无上正等正觉，所以，"慧"在佛教里占有相当重要的地位。世亲菩萨说："有信无智，增长愚痴。"檀讲师负有弘扬佛法的重责大任，必须加倍勤习佛法，增长智慧，才能引导众生照破无明痴暗，迈向菩提大道。

三、因缘果报

在这世间，任何事物都有赖因缘成就，没有因缘，就没有结果。好比种子撒在田里，没有水分、阳光、空气、肥料，如何能开花结果？佛教之所以和其他宗教不同，是因为其他宗教都将一切归之于神所创造，而佛教却主张一切都是因缘所成，非一人一事所为。所以，佛光会一再强调广结善缘的重要性。

因缘果报是毫厘不爽的，世界上没有不劳而获的成就，也没有不造而受的恶报，所谓"善恶到头终有报，只争来早与来迟。"因果报应不仅十分公平，也给人生莫大的希望，如果要社会安和乐利，必须人人都有因果观念，因为具有因果观念，自己就是警察、法官，其因果就是自己的法律准则。

佛经云:"己未作,教他作,无有是处。"身为檀讲师更要以身作则,明因识果,广结善缘,才能让大家心悦诚服,同入佛道。

四、团体观念

俗话说:"团结就是力量。"佛光会是一个和乐清净的教团,我们的理念是集体创造,并不标榜个人成就。佛教传到中国两千多年来,只有在隋唐时代鼎盛非凡,主要原因是由于佛教多不发心入世,只想一个人独善其身,做自了汉,在各行其是的情况下,弘法的力量逐渐分散,即使少数有心人士想要力图挽救,终因力量薄弱而告失败,所以我认为佛光会想要做利世度众的大事业,必得大家团结起来,集中力量。

所谓"独木不成林",沙石、水泥等混合起来,才能将房子建好,也唯其如此,沙石、水泥才有存在的意义,所以没有团体,处处孤掌难鸣,没有团体,不但难以成就大事,连自我都无法实现。檀讲师弘法利生,更必须要有团体观念,因为唯有透过大我的各种资源,小我的理想才能得以发挥;唯有在大我之中恪尽厥责,才能充分展现自己的天赋。

五、慈悲和净

一个人宁可没有智慧,没有能力,但是不能没有慈悲,观世音菩萨于无量劫前早已成佛,号正法明如来,但因悲悯众生,回入娑婆,寻声救苦;文殊菩萨过去是龙种上尊王佛,为七佛之师,诸佛之母,但他志在行菩萨道,利乐众生。菩萨的种种懿行都是实践"悲不住寂灭"的最佳榜样,可见发菩提心,广度有情者,都是以"慈悲"为本的,檀讲师有了这个根本,才能发无我心,勇猛精进,说法无畏。

和,是处世最佳良方。世间上有所谓"以和为贵"、"家和万事兴",在佛教的团体里所讲求的"六和僧团",除了注重和合无争之外,更强调清净无染。佛经云:"佛法无量义,一以净为本。"唯有清净三业,才能维系人我之间的良好关系,才能在菩提道上彼此提携,互相砥砺。檀讲师是所有佛光会员的表率,更应该谨守和净原则,在道业、学业、事业上有所成就。

六、功德清望

《胜鬘经》云:"恶尽曰功,善满称德。又德者,得也;修功所得,故名功德。"一个人既然恶已灭尽,善又圆满,必定悲智双运,说法圆融,德高望重,人所称服。所以想做檀讲师,必定要有功德清望。

如何能得到功德清望呢?护持三宝,不遗余力;与人相处,尊重包容;日日行善,去伪存真;喜舍服务,为众谋福等,都能使我们积功进德,众望所归。

七、权巧方便

佛陀为解决众生的苦恼,敷设八万四千法门,并依众生根基,将佛法分为人、天、声闻、缘觉、菩萨等五乘,各别施教,其目的乃是为了观机逗教,不舍一人。其后祖师大德们又依佛陀的教义,著书立说,弘法不辍,也是为了要摄化不同根器的众生。因此,今日佛光会的檀讲师,对于古圣先贤至高至善的真理,也必须运用权巧智慧，以契理契机的方式，弘法度众。《楞严经》中说："方便有多门，归源无二路。"佛经里有时谈空说有，有时论相说性，其实有无本是一体，性相亦非二物，此外，佛陀的四摄六度、五戒十善等法门，也是弘法利生的权巧方便，如何运用千差万别的各种法门，使一切有情同归真理之门，这是我们佛光会檀讲师应努力进取的目标！

八、口才敏捷

《维摩经》云："佛以一音演说法，众生随类各得解。"可见舌灿莲华、说法三昧的能力，透过语言文字的传达，才能吸引人注意，进而度化有情。今日的社会也力倡讲演、说话的艺术，以求达到人我之间的良好沟通。因此具有旁征博引、触类旁通的辩才，不仅能显示檀讲师丰富的佛学造诣，更能随时随地弘法布教。所以，要成为檀讲师，必须博览群经，思维法义，依教奉行，以充实自己的佛学素养。此外，檀讲师若能懂得多种语言，并且富有幽默感，就更能善说无碍，广受欢迎。总之，想要做一个口才敏捷的檀讲师，必须要广乏学习，勤自训练。

九、态度庄重

仪态的高雅代表一个人的品格与内涵，佛教尤重仪态的庄重，所谓的"三千威仪，八万细行"，是佛陀在因地累劫修行时身心端正所累积的果报。有一首偈语最足以说明佛门对威仪的要求：

学佛音声慢流水，诵经行道雁行游；

合掌当胸如捧水，立身顶上如安油；

瞻前顾后轻移步，左右回旋半展眸；

威仪动静常如此,不愧佛门作禅僧。

姑不论我们应如何讲经度众,具足威仪本身就是一种无言的说法,像舍利弗就是因为震慑于佛陀的弟子马胜比丘的庄严行仪,而带领众弟子投皈佛陀座下。语云:"身教重于言教。"儒家也说:"君子不重则不威。"檀讲师想要布施法财,必须先培养端庄的态度、稳重的行仪。

十、音调诚恳

待人接物,必须付出自己一片真挚的心意,对方才会喜于纳受;讲经说法也必须音调诚恳,才能引起大众的共鸣。除此之外,默默行注目礼,也是重视对方的亲切表现,而讲话的速度保持不急不促、不徐不缓,声调有高低起伏,委婉曲折,内容铺排严密,高潮迭起等等,都能让听众感同身受,充满法喜。

十一、五戒俱全

戒律是佛陀为了调伏弟子身心所制订的种种规矩,其基本精神在于不侵犯他人,其中,"五戒"是做人最基本的道德标准,因为不杀生,就是对别人的生命不侵犯;不偷盗,就是对别人的财产不侵犯;不邪淫,就是对别人的名节不侵犯;不妄语,就是对别人的名誉不侵犯;不饮酒,就是不吸食迷智的毒品、烈酒等,所以是对自己的理智不伤害,进而不会侵犯他人。监狱里的犯人都是犯了五戒才被判罪坐监。因此持守戒律能免除身心的恐怖忧恼,进而得到自由、平安、喜乐、尊严。

凡是佛光会的檀讲师必定要做到五戒俱全,否则人道有亏,又如何能指引他人迈向快乐的人生？

十二、家庭美满

拥有美满家庭的人，必定身心健全，生活幸福，因此一个美满的家庭就是人间净土的雏形。佛光会以创建人间净土为最终目的，身为本会的檀讲师弘扬人间净土法门，其首要条件当然就是自己要先建立一个幸福美满的家庭。齐家之道无他，除了以佛法来照顾家庭成员，让他们得到爱护温暖之外，最好邀请全家人前来参加佛光会的活动，研习佛光会的课程，让父母兄弟、夫妻子女都能在同一个佛教信仰之下，成为菩提眷属。

檀讲师应具备十二个条件：正知正见、信戒定慧、因缘果报、团体观念、慈悲和净、功德清望、权巧方便、口才敏捷、态度庄重、音调诚恳、五戒俱全、家庭美满。

檀讲师制度的建立有助于提升信众信仰的层次，在佛教史上是革新的创举，对未来佛教的发展相信会有很大的帮助。我期许大家能把握难以遇到的机会，努力当个檀讲师，本着佛教慈悲、智慧的特质，发心立愿，誓为佛法的弘传而奉献心力，让我们一起携手共创佛教的新纪元！